石河子大学 211 工程重点学科建设项目资助

新疆生产建设兵团可持续农业技术创新研究

Study on the Sustainable Agricultural Technology Innovation in Xinjiang Production and Construction Corps

齐晓辉　著

中国农业出版社

图书在版编目（CIP）数据

新疆生产建设兵团可持续农业技术创新研究 / 齐晓辉著 .—北京：中国农业出版社，2010.12
ISBN 978-7-109-15233-5

Ⅰ.①新… Ⅱ.①齐… Ⅲ.①生产建设兵团-农业技术-技术革新-可持续发展-研究-新疆 Ⅳ.①F323.3

中国版本图书馆 CIP 数据核字（2010）第 233044 号

中国农业出版社出版
（北京市朝阳区农展馆北路 2 号）
（邮政编码 100125）
责任编辑 赵 刚

北京中兴印刷有限公司印刷 新华书店北京发行所发行
2010 年 12 月第 1 版 2010 年 12 月北京第 1 次印刷

开本：850mm×1168mm 1/32 印张：8.5
字数：162 千字 印数：1～1 000 册
定价：28.00 元

序

可持续发展问题是当今社会发展的重大理论与实践问题，农业可持续发展作为一种全新的农业发展观和实施可持续发展战略的重要组成部分，已成为世界各国广泛关注并重点实施的重大实践性课题。党的十七届三中全会指出“发展现代农业，必须按照高产、优质、高效、生态、安全的要求，加快转变农业发展方式，推进农业科技进步和创新，加强农业物质技术装备，健全农业产业体系，提高土地产出率、资源利用率、劳动生产率，增强农业抗风险能力、国际竞争能力、可持续发展能力”。可见，党中央对我国现代农业发展目标和农业技术创新提出了新的更高要求。我国是一个资源禀赋较差的国家，实现现代农业发展的上述目标，必然要加快推进农业科技进步和创新，实现农业技术领域的变革与创新，即本书倡导的可持续农业技术创新（Sustainable Agricultural Technology Innovation，简称 SATI)。可持续农业技术创新是对传统农业技术创新的改进，是对农业资源及环境不产生危害，甚至对农业资源有节约作用或对农业生态环境有明显改善作用，能带来生态、经济、社会效益的农业技术创新，其创新所形成的具有经济、生态、社会三重效益的可持续农业技术是推动农业可持续发展最强有力的引擎，是提高我国农业抗风险能力、国际竞争能力和可持续发展能力，确保农业可持续发展和农业现代化顺利实现的关键。

新疆生产建设兵团（以下简称兵团）是一个党、政、军、企合一的特殊社会组织，承担着中央赋予的屯垦戍边职责。改革开放三十多年来，兵团农业快速发展得益于农业技术的不断创新。但是，随着兵团农业技术创新成果的广泛运用，造成生态环境恶化，资源利用率下降，生产成本增高，边际产出率降低等负面影响。兵团农业持续发展面临经济、生态和社会协调发展失衡，资源环境脆弱，技术持续支撑能力不足等问题，加快推进可持续农业技术创新是兵团农业可持续发展的必然选择。因此，研究适合兵团特殊体制和农业生产管理模式下的可持续农业技术创新规律，探讨推进兵团可持续农业技术创新的对策建议，对于提高兵团农业可持续发展能力，加快推进农业现代化，更好发挥中央赋予兵团新时期的“三大作用”都具有重要的理论和现实意义。

本书在广泛研究国内外有关文献，汲取借鉴现有农业技术创新理论和可持续农业技术创新研究成果的基础上，综合运用农业经济学、农业技术经济学、农业科学和区域经济学为主多学科交叉研究的分析方法，结合兵团特殊管理体制和农业生产管理特点的实际，对兵团可持续农业技术创新的相关问题作了认真深入的思考和研究，力求突破原有的研究成果，实现自己的创新。一是较为系统地建立了兵团可持续农业技术创新的研究框架，包括：创新背景→创新目标、方向和重点→创新动力机制→创新模式→创新扩散→对策建议→案例研究。建立这样一个研究框架，是在国内外学术界已有研究成果的基础上，对可持续农业技术创新问题研究进行的更宽领域的拓展和深化，为以后进一步深入研究可持续农业技术创新奠定了基础。二是运用层次分析法，从定量角度分析兵团农业可持续发展能力，并对兵团农业发展的资源环境和农业技术体系的可持续性进行评价，综合分析了兵团农业面临经济、生态和社会协调发展失衡、资源环境脆弱和技术持续支撑能力不足问题，提出加快推进可持续农业技术创新是兵团农业可持续发展的必然选择。三是建立可持续农业技术创新动力机制模型，运用此模型分析兵团建立准政府主导的可持续农业技术创新动力机制模式的合理性；运用案例分析法以天业膜下滴灌技术创新为例验证兵团可持续农业技术创新的研究结论。四是运用农业技术创新及其相关理论成果，结合兵团特殊体制及农业生产管理特点，深入地分析了兵团可持续农业技术创新涉及的主要问题，包括：兵团可持续农业技术创新目标、方向和重点、建立准政府主导型可持续农业技术创新动力机制、选择准政府供给主导型可持续农业技术创新模式、建立计划与市场综合作用的可持续农业技术创新扩散模式。五是从建立准政府供给主导型可持续农业技术创新模式、建立和完善可持续农业技术创新的政策体系、建立以自主创新为主的可持续农业技术创新路径、加快培育可持续农业技术创新产业化发展模式、建立完善有效的可持续农业技术创新扩散机制和建立可持续农业技术创新的保障机制六个方面提出加快推进兵团可持续农业技术创新对策建议，对指导兵团可持续农业技术创新实践具有重要的现实意义。以上研究成果既添补了区域可持续农业技术创新理论的研究空白，又对推进兵团农业可持续发展和农业现代化的具体实践具有重要的指导意义。综观全书，思路清晰，逻辑严谨，资料翔实，文字精练，理论研究有新意，实证研究有说服力，对策建议有价值，较好地实现了研究目的。

齐晓辉是我的博士生，在家庭负担极重的情况下，能通过自己的勤奋、刻苦，努力钻研，积极进取，顺利完成学业取得博士学位，实属不易。而更可贵的是在完成博士学业之后，锲而不舍，在博士论文的基础上，深化研究，精益求精，力求做到研究成果更加完善，作为导师我倍感欣慰。衷心祝愿她在以后的教学和科研工作中取得更大的成绩！

石河子大学经济与管理学院
教授博士生导师

摘　要

可持续农业技术创新是一种全新的农业技术创新模式，其创新所形成的具有经济、生态、社会三重效益的可持续农业技术是推动农业可持续发展的强大动力。新疆生产建设兵团（以下简称兵团）是一个党、政、军、企合一的特殊社会组织，承担着中央赋予的屯垦戍边职责。改革开放三十年，兵团农业快速发展得益于农业技术的不断创新。但是，随着兵团农业技术创新成果的广泛运用，造成生态环境恶化，资源利用率下降，生产成本增高，边际产出率降低等负面影响。兵团农业持续发展面临经济、生态和社会协调发展失衡，资源环境脆弱，技术持续支撑能力不足等问题，加快推进可持续农业技术创新是兵团农业可持续发展的必然选择。因此，研究适合兵团特殊体制和农业生产管理模式下的可持续农业技术创新规律，探讨推进兵团可持续农业技术创新的对策建议，对于提高兵团农业可持续发展能力，加快推进农业现代化，更好履行中央赋予兵团屯垦戍边的历史使命具有重要的理论和现实意义。

本书运用农业技术创新及其相关理论，对兵团可持续农业技术创新背景、创新目标方向和重点、创新动力机制、创新模式和创新扩散等主要问题进行了研究，提出了加快推进兵团可持续农业技术创新的对策建议。

全书共十一章：第一章为导论，介绍了研究的背景和意义；第二章介绍了可持续农业技术创新的相关概念及其研究的理论基础；第三章分析了兵团农业技术创新的历程、主要特征及绩效，指出了存在的主要问题；第四章从兵团农业可持续发展能力、兵团农业可持续发展的资源环境和兵团农业技术体系可持续性评价三个方面分析了兵团可持续农业技术创新的背景；第五章对兵团可持续农业技术创新指导思想、基本原则进行了构建，提出了兵团可持续农业技术创新总体方向和关键领域；第六章在对可持续农业技术创新动力机制模型构建的基础上，提出了兵团建立准政府主导型可持续农业技术创新动力机制模式的理由；第七章对可持续农业技术创新主要模式进行分析评价，提出了兵团应选择准政府供给主导型可持续农业技术创新模式理由和主要类型；第八章结合兵团特殊管理体制特点，提出兵团应选择计划与市场综合作用的可持续农业技术创新扩散模式和主要类型；第九章结合兵团实际提出了加快推进兵团可持续农业技术创新的对策建议；第十章以新疆天业膜下滴灌技术创新为例，验证了兵团可持续农业技术创新的主要观点的合理性；第十一章对全书研究结论进行了归纳，指出了存在的不足及有待进一步研究的问题。

研究的主要观点和结论如下：

(1) 兵团50多年的农业技术创新历程证明，农业技术创新是推动兵团农业发展的根本动力。兵团农业要实现可持续发展，从技术层面上讲仍然需要通过农业技术创新来解决，这种新型的农业技术创新应该是将经济、生态、社会效益全面整合的可持续农业技术创新。

(2) 对兵团农业可持续发展能力、农业可持续发展的资源环境和农业技术体系可持续性评价三方面分析可知，兵团农业持续发展面临经济、生态和社会协调发展失衡、资源环境脆弱、技术体系持续支撑能力不足等问题。可持续农业技术创新是对农业资源及环境不产生危害，能带来经济、生态和社会效益的农业技术创新，是推动农业可持续发展的不竭动力，加快推进可持续农业技术创新是兵团农业可持续发展的必然选择。

（3）兵团可持续农业技术创新应以科学发展观为指导，将兵团建成全国可持续农业技术的示范推广基地、农业现代化的示范基地和农业持续发展的示范基地作为根本目标，以推进农业新的科技革命，建立现代可持续农业技术体系，实现技术跨越，实现兵团农业发展由注重数量向更加注重经济、生态和社会效益的根本性转变为指导思想；兵团可持续农业技术创新应遵循“经济、社会、生态持续性”协调统一、农业高新技术全面渗透与应用、自主创新与国内外引进合作创新相结合和因地制宜与整体推进相结合的四个基本原则。

（4）未来10年兵团可持续农业技术创新的总体方向是：农业生物工程、信息化技术和其他高新技术；常规可持续农业高产技术；节约低耗型高效农业技术；资源改善与环境保护技术；资源多级循环与再生利用技术。不同区域农业发展对可持续农业技术的需求不同，兵团应根据不同区域农业生产特点，围绕加快推进农业产业化的“6221工程”，对农业科技关键领域进行重点创新。

（5）在充分考虑兵团特殊管理体制和可持续农业技术创新特征的情况下，兵团可持续农业技术创新动力机制尚不具备实现向三元协同动力机制模式转变的条件，建立准政府主导的可持续农业技术创新动力机制模式是兵团现行特殊体制下的合理选择。

（6）从兵团准政府主导的可持续农业技术创新动力机制模式选择，以及可持续农业技术创新理论、现实和实践依据来看，准政府供给主导型可持续农业技术创新模式是兵团现行特殊体制下的必然选择。

（7）随着社会主义市场经济体制的建立，兵团特定历史条件下形成的以“政府计划推广模式”为主导的强制性“行政驱动型”创新扩散模式，不能满足职工对新技术的市场需求等弊端已经显现出来，建立高效率的计划与市场综合作用的可持续农业技术创新扩散模式是兵团现阶段的必然选择。

（8）兵团可持续农业技术创新是个复杂的系统工程，应从建立准政府供给主导型可持续农业技术创新模式、建立和完善可持续农业技术创新的政策体系、建立以自主创新为主的可持续农业技术创新路径、加快培育可持续农业技术创新产业化发展模式、建立完善有效的可持续农业技术创新扩散机制和建立可持续农业技术创新的保障机制六个方面加快推进兵团可持续农业技术创新。

（9）以新疆天业膜下滴灌技术创新作为兵团可持续农业技术创新典型案例加以研究，验证了天业膜下滴灌技术创新规律符合兵团可持续农业技术创新的研究结论。

Abstract

Sustainable Agricultural Technology Innovation (SATI) is a new innovation model of agricultural technology, which has triple benefits in economy, ecology and society. It is a strong driving force to promote sustainable development of agriculture. Xinjiang Production and Construction Corps (XPCC) is a special social organization which plays many roles as party, government, military and corporation. It is responsible for the mission of wasteland - reclaiming and border - safeguarding given by the Chinese Central Government. During the 30 years of reform and development, the rapid development of Corps' agriculture benefits from the continuing innovation of agricultural technology. However, with the widespread use of technological innovation of agriculture, much negative effects have arisen such as ecological environment deterioration, resource utilization decrease, production costs increase and output rate decreases. What XPCC agricultural sustainable development facing are the imbalance development of economy, ecology and society, resources and environment vulnerability, the continuing lack of technical supporting capacity etc. So accelerating SATI is the inevitable choice for sustainable development of agriculture in XPCC. Therefore, it is of theoretical and practical importance to study the law of SATI under the special system and agricultural production management system in XPCC and explore methods of promoting the SATI on how to improve agricultural sustainable development capacity of XPCC, to accelerate agricultural modernization and to better fulfill the historic mission given by the Chinese Central Government.

On the basis of discussing SATI and its related theories, this book studies the background, the orientation, focus, the model dynamic mechanisms, innovation mode and innovation diffusion of SATI in XPCC. In addition, it offers some suggestions on how to accelerate SATI in XPCC.

This book consists of eleven parts: part Ⅰ is the introduction, it mainly introduces the research background and its significance; part Ⅱ concerns related concepts and theories of SATI; part Ⅲ analyzes the process, main features and performance of agricultural technology innovation in XPCC, and also points out the main problems; part Ⅳ analyzes the background of sustainable agricultural technology innovation in XPCC from three aspects, which are the capability of agricultural sustainable development, resources and environment of agricultural sustainable development and sustainability of agricultural technology system; part Ⅴ formulates the guidelines and the basic principles of SATI , and put forward the general orientation and key areas of SATI in XPCC; part Ⅵ raises the reasons to establish quasi-government-led dynamic mechanisms model for SATI in XPCC by the dynamic mechanism model of SATI; part Ⅶ gives the analysis and evaluation on the main mode of SATI, and puts forward the reasons that XPCC should choose the quasi-government-led supply pattern of SATI and main types; part Ⅷ, combining with special management features of XPCC, the author proposes that XPCC should choose the diffusion mode and the main types in which planning and marketing both work on the SATI; part Ⅸ comes up with the countermeasures and suggestions of accelerating SATI of XPCC; part Ⅹ verifies the rationality of the main views on the SATI of XPCC by virtue of the dripping irrigation technological innovation of Tianye Corporation in Xinjiang; part Ⅺ reaches the conclusions and points the deficiencies and some problems which should be further explored.

The main viewpoints and conclusions are as follows:

(1) With the development of agricultural technology innovation in the past 50 years in XPCC, it has proved that the agricultural technology innovation is the essential drive to promote the agricultural development. In a word, sustainable agricultural development will come true by technology innovation. While this new agricultural

technology innovation should fully integrate benefits among economy, ecology and society.

(2) By analyzing the capability, resources and environment of agricultural sustainable development and sustainability of agricultural technology system, we find that agricultural sustainable development of XPCC faces the imbalance development of economy, ecology and society, resources and environment vulnerability, the continuing lack of technical supporting capacity etc. SATI is a kind of agricultural technology innovation which not only does no harm to agricultural resources and the environment, but also can bring economic, ecological and social benefits. It is an inexhaustible motive force to promote sustainable development of agriculture and the inevitable choice for sustainable development.

(3) SATI of XPCC should under the guidance of Scientific Concept of Development , its fundamental goal is to make XPCC a base of sustainable agricultural technology, of modern agriculture demonstration base and demonstration base of agricultural sustainable development. The guidelines is to promote new scientific and technological revolution, establish a modern sustainable agricultural technology system, achieve a technological leap and realize fundamental changing of agricultural development from the emphasis on quantity to economic, ecological and social benefits. There are four basic principles to obey: the sustainable agricultural

technology innovation should be harmonious and unified in "economic, social and ecological sustainability"; agricultural high-tech should has overall participation and application; independent innovation and introduction of cooperative innovation should be combined with each other and the combination of the adjusting measures to local conditions with the overall progress.

(4) In the next 10 years, the general guidelines of SATI of XPCC include: agriculture biotechnology, information technology and other high-tech; conventional high-yield sustainable agriculture techniques; low cost and high efficiency of agricultural technology; resources improvement and environmental protection technology; multi - level resources recycling technology. Agricultural sustainable development in different regions have different needs for sustainable agricultural technologies, agricultural production of XPCC should consider characteristics of different regions to promote key agricultural innovations in decisive domains of agricultural science and technology, thus, we can further accelerate the steps of "6221 Project".

(5) After fully considering the special management system of XPCC and feature of SATI, we can find that the SATI mechanism of XPCC does not have the prerequisite to transform to triple mechanism mode, the establishment of quasi-government - led mechanism mode of SATI is a reasonable choice under the existing special system of XPCC.

(6) From the choice of quasi-government - led

mechanism mode for SATI in XPCC, SATI theories and the practical basis, quasi-government supply-led model of SATI is an inevitable choice under the existing special system of XPCC .

(7) With the establishment of socialist marketing economy, the mandatory "administrative driving type" innovation diffusion model which is dominated by "government planning extension model" in the specific historical conditions of XPCC has caused many problems , for example, it could not meet the farmers' demand for new technology. It is an inevitable choice for the XPCC at present to establish a new efficient sustainable agricultural technological innovation diffusion mode which combines planning and marketing.

(8) SATI of XPCC is a complex systematic project. SATI can be worked out by founding government supply-oriented mode , establishing and improving the policy system of SATI, the establishment of independent innovation ways, accelerating the development of industrialization development model of SATI, the establishment of a sound and effective mechanism for SATI diffusion and the establishment of sustainable mechanisms for the protection.

(9) Taking Xinjiang Tianye dripping irrigation technical innovation as a case in point to study SATI of XPCC, reach this conclusion that Tianye dripping irrigation technology innovation meets the principles of SATI in XPCC.

目　　录

第一章　导　　论

1.1　研究背景与意义

1.1.1　研究背景

我国是世界上人口最多的农业大国，农业和农村人口占全国总人口的80%左右。农业是我国国民经济的基础，农业状况的好坏直接关系到经济发展和社会稳定，农业与农村可持续发展是我国顺利实施可持续发展战略的根本保证。改革开放三十年来，我国农业和农村经济取得了举世瞩目的成就，基本解决了农村人口的温饱问题，改善了我国宏观经济环境。我国以世界7%的耕地养活了占世界22%的人口，这一客观现实一直受到世界各国的瞩目。但随着我国经济的迅猛发展，加上人口的不断增长，对农业造成越来越大的压力。在农村经济发展过程中出现了农业环境污染日趋严重、生态环境恶化、资源短缺和质量退化等问题。这些问题已构成对农业发展的潜在威胁，影响到农业生产的持续发展，也使整个农村经济工作面临挑战，迫使我们总结几十年来我国农业建设和国外农业发展正反两个方面的经验教训，探索既发展农业又保护生态环境并符合我国国情的农业可持续发展战略。

可持续发展问题是当今社会发展的重大理论与实践问题，农业可持续发展作为一种全新的农业发展观和实施可持续发展战略的重要组成部分，已成为世界各国广泛关注并重点实施的重大实践性课题。党的十七届三中全会指出“发展现代农业，必须按照高产、优质、高效、生态、安全的要求，加快转变农业发展方式，推进农业科技进步和创新，加强农业物质技术装备，健全农业产业体系，提高土地产出率、资源利用率、劳动生产率，增强农业抗风险能力、国际竞争能力、可持续发展能力”①。可见，党中央对我国现代农业发展目标和农业技术创新提出了新的更高要求。我国是一个资源禀赋较差的国家，实现现代农业发展的上述目标，必然要加快推进农业科技进步和创新，实现农业技术领域的变革与创新，而农业技术领域创新的关键是要解决技术成果使用中生态与经济功能的双向协调问题，即：要求通过创新产生的农业技术成果既能够促进农业资源和环境的高效开发利用，又能有效避免对资源和环境的技术负效应，具有保护资源和环境的作用，形成一种能够有效维持土地资源、水资源、动植物遗传基因资源，不造成环境退化、技术上应用适当、经济上能持续发展以及社会能普遍接受的农业技术创新，即本书倡导的可持续农业技术创新（Sustainable Agricultural Technology In-

① 党的十七届三中全会报告：《中共中央关于推进农村改革发展若干重大问题的决定》，2008 年 9 月。

novation，简称 SATI)。它是以实现农业可持续发展为直接目的，在传统农业技术创新的基础上加大了亲和于农业生态环境的农业技术创新力度，是农业技术创新和农业可持续发展在目标、方向、内容等方面整合的结果，由此形成的具有生态和经济双重特征的农业技术创新才是农业可持续发展最强有力的引擎，才能提高我国农业抗风险能力、国际竞争能力和可持续发展能力，从而确保农业可持续发展和农业现代化的顺利实现。

新疆生产建设兵团（以后简称兵团）是一个党、政、军、企合一的特殊社会组织。农业是兵团的主导产业，在国民经济中占有重要的地位。改革开放三十多年来，兵团农业快速发展，农业生产水平处于全国领先水平，成为国家重要的粮食、棉花、油料、猪牛羊肉、水果生产基地，科技进步对兵团农业的贡献率已达 51%，高于全国水平 3 个百分点。2008 年兵团实现生产总值 523.30 亿元，其中一产实现生产总值 182.32 亿元，占全社会生产总产值的 34.90%[①]。兵团是国家重要的粮食、棉花、油料、猪牛羊肉、水果生产基地，2008 年皮棉总产量达 131.34 万吨，占新疆的 1/2，全国的 1/6 以上。现代农业技术的广泛使用，如：节水滴灌技术、地膜栽培技术、棉花高密度栽培技术、农药、化肥、农业机械化等技术的广泛使用是推动兵团农业不断发展的根本动力。但是，近几年，随着

① 新疆生产建设兵团统计局．新疆生产建设兵团统计年鉴（2009）[M]．北京：中国统计出版社，2009 年。

这些技术的不断推广应用，对生态环境所造成的负面影响日益凸显，农业生态环境恶化、环境污染严重、资源利用率下降，生产成本日益增高，边际产出率降低等已成为制约兵团农业可持续发展的主要因素。兵团农业面临经济、生态和社会协调发展失衡，资源环境脆弱，技术持续支撑能力不足等主要问题。因此，要实现兵团农业可持续发展，从技术层面上讲，加快推进兵团可持续农业技术创新研究显得十分重要和迫切需要。正是基于这样的背景，本书结合兵团特殊管理体制和农业生产管理特点，对兵团可持续农业技术创新有关问题进行了研究，目的在于探寻兵团可持续农业技术创新的主要问题，提出加快推进兵团可持续农业技术创新的对策建议，为兵团加快推进可持续农业技术创新，实现农业可持续发展和农业现代化提供重要的理论和实践参考依据。

1.1.2 研究意义

1. 理论意义

可持续农业技术创新是继农业可持续发展理论提出之后，学术界提出的全新概念，是农业技术创新和农业可持续发展在目标、方向和内容等方面的整合，是解决经济、生态和社会三者协调发展问题的新型农业技术创新模式。但现有文献关于可持续农业技术创新的研究成果非常有限，主要集中于应用农业技术创新理论，结合可持续农业技术创新特点，对可持续农业技术创新相关问题进行的初步理论构建，缺乏结合特殊管理体制和具体区域特征而进行的系统深入研究，因此，理论对实践的指导意义不强。

兵团是一个特殊社会组织，具有特殊的管理体制和农业生产管理特点，研究兵团特殊体制和特定区域内的可持续农业技术创新问题能填补我国区域可持续农业技术创新问题研究空白，对丰富我国可持续农业技术创新研究理论具有重要的意义。另外，可持续农业技术创新问题既是农业可持续发展理论研究的重要内容，也是农业现代化理论研究的重要内容。因此，研究兵团可持续农业技术创新问题对于丰富农业可持续发展理论和农业现代化理论也具有重要的意义。

2. 现实意义

农业是兵团的主导产业，是兵团团场职工的主要收入来源和就业渠道，农业稳则兵团稳，兵团稳则新疆稳。但现实情况是，兵团农业持续发展面临经济、生态和社会协调发展失衡，资源环境脆弱，技术持续支撑能力不足等问题。从推动农业发展的根本动力——农业技术创新去解决兵团农业可持续发展面临的问题，仍然需要依靠农业技术领域的创新与变革。可持续农业技术创新是推动农业可持续发展的不竭动力，加快推进可持续农业技术创新是兵团农业可持续发展的必然选择。研究兵团可持续农业技术创新背景、创新方向和重点、创新动力机制、创新模式和创新扩散等主要问题，提出切实可行的兵团可持续农业技术创新相关对策建议，用于指导兵团可持续农业技术创新的具体实践，对于促进兵团农业尽快走上可持续发展道路、率先在全国实现农业现代化以及更好发挥中央赋予兵团新时期的“三大作用”都具有重要的现实意义。

1.2 国内外研究文献综述

1.2.1 国外研究综述

1. 关于农业技术创新方面的研究

（1）关于技术创新方面的研究

一是熊彼特的技术创新理论。美籍奥地利经济学家J. A. 熊彼特1912年首先在《经济发展理论》一书中提出了“创新”理论，按其观点，“创新”就是建立一种新的生产函数或供应函数，即把一种从未有过的生产要素和生产条件的“新组合”引入生产体系。他将“创新”归纳为五个方面：即引进新产品、引用新技术、开辟新市场、获得新的供给来源、实行新的组织形式。熊彼特将创新作为一个整体内在要素纳入到经济增长分析中去；把创新视做经济增长和发展的“主发动机”；认为创新导致经济增长与发展，由创新的周期性决定了经济增长和发展的周期性循环[①]。现代技术创新理论正是在熊彼特创新理论的基础上衍生和发展起来的。

二是技术创新与经济增长理论。包括技术进步的外生理论和内生理论。外生理论的代表人物索洛、斯旺、米德等认为：从长远看，经济增长的决定因素是技术进步，而不是资本积累和劳动力的增加。为了解释经济增长的长期持续性，索洛首先将技术作为一种外生变量引入生产函

① 卢东宁．农业技术创新链循环研究［M］．北京：中国社会科学出版社，2008年。

数，即假定技术进步率不变。分析认为，由于技术进步的存在，即使资本—劳动比率不变，资本的边际收益也会不断提高。因此，技术进步可以抵消资本边际收益随人均收入增加而递减的倾向，使其永远保持在零或某一贴现值之上，保证人均资本积累过程在长期内不会停下来。内生理论的代表阿罗（1962）建立了用内生技术进步解释经济增长的“干中学”模型，他认为社会经济整体中的每一企业都被设想是按规模收益不变的原则进行经营，因此在知识或技术水平既定的前提下，劳动和资本投入的倍增将会导致产出倍增，然而企业通过投资增加资本存量的行为却又提高了知识水平，所以作为一个整体，经济应该是按照收益递增原则运行的。因此，他将技术进步看成由经济系统决定的内生变量。①

三是技术创新模式方面的研究。主要有：第一，以熊彼特（1912）为代表的技术推动模式认为，技术创新是由于技术发展的推动作用而引导的，技术是推动技术创新的根本原因；第二，以施穆克勒（1996）为代表的需求拉引模式认为，市场需求是决定技术创新的主要因素，正是市场对技术创新的不断需求，才形成经济发展的良性循环；第三，以莫厄里和罗森保为代表的综合作用模式认为，技术创新是在科学技术研究可能得到的成果和市场对其需求的平衡基础上产生的；第四，以克莱因与罗伯特（1994）为代表的技术创新的链环—回路模型认为创新过程是一个

① 卢东宁．农业技术创新链循环研究［M］．北京：中国社会科学出版社，2008年。

企业框架内部技术能力与市场需求的相互过程；第五，技术创新的周期模型。库兹涅茨提出了技术创新的生命周期模型概念，施莫克勒提出了这一模型的最原始形态，范·杜因（1993）将技术创新的生命周期分为四个阶段，即引进、增长、成熟和下降；第六，以经济学家罗伊·罗思威尔（1994）为代表的技术创新网络化模型认为，技术创新研究正走向网络化时代，并对网络化时代技术创新的特征做了分析；第七，以美国技术创新经济学家理查德·R·纳尔逊和西德尼·G·温特（1982）为代表的技术创新演进模型（1987）认为演进过程包括两个部分：一是将变异引入系统之中的机制；二是在这个系统中存在一些可以理解的实体“选择”机制，它扩大了一些实体的相对重要性而削弱了另外一些实体的重要性。①

四是关于技术创新转移与扩散的研究。斯曼通在《技术变革的经济分析》一书中提出，技术创新转移主要包括企业内的扩散、企业间的转移、经济领域和国际上的转移三个领域。曼斯菲尔德分析了影响技术创新在不同部门的不同企业间转移推广的三个因素和四个补充因素。塞哈尔在熊彼特等的“技术—模仿”转移扩散模式的基础上，提出“创新—学习—理解”的新模式，他认为，技术通过学习进行导入性扩散，通过理解进行规模性扩散。②

（2）关于农业技术创新方面的研究

一是速水—拉坦的诱导性创新理论。40 年前，经济

①② 卢东宁．农业技术创新链循环研究［M］．北京：中国社会科学出版社，2008 年。

学家开始对农业技术创新进行研究。70 年代，一部分经济学家开始触及农业生产中的具体农业技术创新问题，例如速水佑次郎（Yujiro Hayami）和 V. W. 拉坦（Rutan）1971 年在其著作中研究了美国 19 世纪的农业机械技术进步、1860—1920 年的农业生物学技术进步、1920—1965 年的生物学和农业生物学技术进步，在此基础上，他们总结出了农业技术诱导创新理论，即，农业技术创新产生于生产诱导，而生产诱导起因于生产要素价格的变动，要素价格变动诱导产生各种各样不同类型的技术。随后，农业技术创新方面的研究一直是循着两条线索发展的，一条关注要素的相对稀缺性，另一条关注市场需求。前一个是希克斯—速水—拉坦—宾斯旺格假设，第二个是施莫克勒—格里克斯假说。①

二是舒尔茨的现代要素引入理论。舒尔茨（1999）在《改造传统农业》一书中提出，改造传统农业的关键是在农业部门引入新的生产要素。他认为，“一种技术总是体现在某些特定的生产要素之中，因此，为引进新技术，就必须采用一套与过去使用的有所不同的生产要素”。②

三是国外关于农业技术创新的其他研究。随着农业技术创新理论研究的深入，农业技术创新的研究侧重于在农业科研、农业技术扩散和推广、农户技术选择和采用等多个方面进行，一些颇有建树的理论见解被相继提出，如

① 郭剑雄．二元经济与中国农业发展［M］．北京：经济管理出版社，1999 年。

② 西奥多·W·舒尔茨著，梁小民译．改造传统农业［M］．北京：商务印书馆，1999 年。

Rogers（1957）和 Cochrand（1958）提出的“技术踏车（technological treadmill）理论”、Kislev and Shchori-Bachrach（1973）的新技术扩散周期理论、Niels Rloing 对农业推广学的研究等，美国环境经济学家克鲁蒂拉（Krntille，1968）、佩奇（Page，1971）提出人类技术创新忽略了资源保护问题之后，对于环境保护有关的技术创新和技术层出不穷，包括：农业清洁生产技术、生态农业技术、环境友善技术（E. Brawn，1994）、无公害技术、环境优化技术（T. Hirchirm，Oldenbeg，1994）、绿色技术等。这些研究使农业技术创新理论日臻成熟和完善。①

2. 关于可持续农业技术创新方面的研究

最早对技术创新倾斜于经济生产过程和产品而忽略了资源保护，对此提出质疑的是美国环境经济学家克鲁蒂拉（Krutille，1968）。随后，20 世纪 70 年代后期，美国另一学者佩奇（Page，1971）又进一步分析了资源开发利用技术与环境保护技术的不对称问题，指出了人类技术创新所陷入的误区。对于生态技术创新或称之为绿色技术创新的关注是从 90 年代才开始的，1992 年，美联邦政府提出了所谓深绿色技术和淡绿色技术，其中深绿色技术指专门解决环境问题的技术；淡绿色技术指提高资源开发利用效率，提高产品质量、减少物能损耗的技术。可持续发展思潮的兴起使人类开始关注技术创新的绿色化，与环境有关的技术创新和技术的称谓层出不穷，包括：农业清洁生产

① 胡虹文．农业技术创新的理论研究与实证分析［D］．武汉：武汉理工大学，2003 年。

技术、生态农业技术、环境友善技术（E. Brawn，1994）、无公害技术（日本）、环境优化技术（T. Hirchirm，Oldenbeg，1994）和绿色技术等[①]。关于可持续农业及其技术创新问题的研究是从80年代中期，美国农业科学家提出“可持续农业”后开始的。1991年，“丹波宣言”（Den Basch）中明确提出要实行农业技术的变革，以保证自然环境不退化。此后，世界各国在研究和开发适合本国特点的农业技术方面做出了不懈努力。在美国，1988—1990年两年期间，就有340项有关可持续农业的技术创新项目获得资助并完成，已有10%以上的农场接受可持续农业技术体系，而部分采用可持续农业技术的农场高达50%以上。英国和德国则致力于研究生物学派可持续农业技术和环境保护型农业技术的研究和开发，荷兰和中国台湾等人多地少的国家或地区分别研究实施了“设施工厂化高效农业技术”和“精致农业技术”。

1.2.2 国内研究综述

在查阅国内关于可持续农业技术创新方面的相关文献，总体来看有以下几个方面的研究：

1. 关于农业技术创新方面的研究

（1）关于技术创新方面的研究

从20世纪80年代起，我国就开始重视技术创新在经济增长中的作用研究。邓小平同志讲，“科技是第一生产

① 肖焰恒．可持续农业技术创新理论与应用分析［D］．成都：西南农业大学，2000年。

力，经济增长依赖科技进步”。改革开放三十多年的实践证明技术创新对经济增长所起着重要的决定作用。从90年代后期开始，我国提出“创新是一个国家进步的不竭动力”，从此，我国更加重视对技术创新理论的研究工作，技术创新理论研究得到了理论界和实际工作者的广泛关注，并对企业技术创新的有关问题、技术创新与经济增长、技术创新的测度与指标、技术创新的激励等问题做了大量的研究。

(2) 关于农业技术创新方面的研究

我国农业技术创新问题研究是随着我国农业技术的发展逐步深入的，主要集中在以下几个方面：

一是关于农业技术创新的背景研究。刘春香（2006）、齐振宏（2006）、丁巨涛（2004）、裘斌（2005）、周中林（2005）、高启杰（2004）对我国农业技术创新背景的研究主要是围绕农业技术创新现状分析、主要制约因素、面临的主要挑战等三个方面开展的。

二是关于农业技术创新的含义和特征、作用的研究。熊银解等（2004）在《农业技术创新·扩散·管理》一书中较详细地论述了农业技术创新的含义和特征、作用。随后，刘春香（2006），崔和瑞等（2006），刘仁平（2006），潘文华等（2008）再次丰富了农业技术创新的内涵、特点及作用，使农业技术创新的基本理论更加完善。

三是关于农业技术创新主体的研究。许世卫（2000）依据农业技术创新主体的确定原则，将农业技术创新主体分为农业科研教育部门、农技推广部门、农业企业和农户四种类型。柳毅分（2000）在分析论证了农户应当成为农业技术创新主体的重要意义及其主要作用的基础上，提出不断发展自己，完善自己，实现农业技术跨越是使农户成为农业技术创新主体的有效途径。解宗方等（2001），熊银解等（2004）在《农业技术创新·扩散·管理》一书中，对农业技术创新主体地位的确立依据、必要性、重要性和可能性进行分析，指出农业科研机构、农业大专院校、大型农业企业、农业科技企业和具有一定创新意识和创新能力的农业科技示范户是我国农业技术创新的主体。周建峰（2005）对我国农业技术创新主体错位及其矫正问题做了深入的分析和探讨。

四是关于农业技术创新体系的研究。从赵继新、宋金杰（2000）开始，剖析了现行农业科技体制弊端，进一步论证农业创新体系重要性，并从国家、省、地、基层4个层次提出分别建立农业知识创新体系、农业技术创新体系、农业知识传播体系、农业技术应用体系等对策。顾淑林、魏勤芳、刘冬梅、庞晓鹏和齐顾波（2007）分别从加强农村科技服务体系建设；加强产学研合作是提高农业技术创新体系活力的重要举措；应充分发挥农民合作组织在农业科技创新体系中的作用；要积极发挥农村技术创新中的农民参与的作用等方面，对如何构建我国的农业科技创新体系问题进行了研究。贲向前、徐小钦（2007）通过对技术创新理论的分析探讨，借鉴发达国家技术创新体系建设的成功经验，并在深刻剖析影响我国技术创新体系形成因素的基础上，提出了构建我国技术创新体系建设模式的政策措施。李哲敏等（2008）探讨了我国国家农业科技创新体系的内涵和构成，提出了完善具有中国特色的农业科技创新体系的建议与措施。

五是关于农业技术创新模式的研究。朱广其（1997）、熊银解等（2004）认为农业技术创新分为政府供给主导型和农户需求主导型两种模式，在政府供给主导型技术创新模式下，加速技术创新的关键是鼓励农户不断采纳新技术。高启杰（2004）针对我国农业技术创新模式与制度发展中存在的问题，提出了构建未来我国多元化合作农业技术创新模式的总体思路、备选类型以及完善农业技术创新制度与政策的具体建议。杨增旭、王海慧（2006）结合我国的具体国情以及加入 WTO 以后的形式，提出我国应选择需求主导型和供给主导型并重的农业技术创新途径。庞柏林（2008）认为农业技术创新已成为农业现代化的严重制约。根据技术创新理论，技术创新的驱动模式一般可分为市场需求推动模式、技术发展推动模式和联合组织驱动模式。当前，中国的农业技术进步应以市场作为根本动力，采用联合驱动模式。宋燕平等（2004）选取对我国农业影响较大，有一定代表性的三种农业技术创新模式，即农业科技园、农业科技项目区、农业产业化经营中农业技术创新的动力机制及创新战略等进行了研究。

六是关于农业技术扩散方面的研究。贾淑萍（2000）通过分析认为我国农业生产规模过小的现状，难以适应技术扩散的要求。胡虹文（2003）、常向阳（2005）分析了影响我国农业技术有效扩散的宏观与微观层面的因素，提出了相关对策。常向阳（2004）分析了我国农业技术扩散体系现状，并从农业产业链角度为切入点提出了从农业技术扩散体系重构模型。秦文利（2004）等研究认为农民素质影响着农业技术扩散过程的关键阶段。齐敦品（2005）界定了农业技术扩散新机制的内涵，提出了提高农业技术扩散新机制运行效率的关键措施。王元等（2005）认为农业技术扩散体系中，农民的主体地位和主动参与是不可忽视的因素，构建和完善稳定的契约型组织，促进农业产业深化是政府加强农业科技工作的重要内容。方虹（2006）分析了国际农业技术扩散方式，提出了加快吸纳国际农业技术扩散的对策。刘辉等（2006）分析杨凌农业示范区技术扩散的基础上，认为自然条件、历史基础和人文条件、政治和市场机制、市场化和网络化是分别决定农业技术扩散的因素。黄群俊（2007）从农业技术扩散的特点和存在的问题入手，分析了影响农民技术选择行为的因素，提出了改进农业技术扩散体系的相关措施。宋德军等（2007）研究建立了农业技术扩散模型，对我国农业技术扩散速度进行了测定，提出了推进农业技术扩散速度的措施。王永强等（2009）对农业技术扩散过程中的扩散源、被扩散技术、扩散技术采用者、技术扩散路径中的障碍因素进行分析，并提出了对策。

七是关于推进中国农业技术创新的对策措施研究。陈会英、周衍平（2002），刘春香（2006），崔和瑞、陈焕英（2006），刘仁平（2006），潘文华、胡胜德（2008）分析了中国农业技术创新的现状和存在的问题，提出了推进中国农业技术创新的对策措施。王静（2003）分析了农业技术创新的思路及当前和今后一段时期农业技术创新的重点，阐述了农业技术创新的体制安排。王贝、李健（2006）强调依靠技术创新，是实现西部农业可持续发展的有效途径；并从体制创新、人力资源开发、发展战略、政府支持等方面提出了实现西部农业技术创新的几点建议。

2. 关于可持续农业技术创新方面的研究

（1）关于可持续农业技术的研究

一是关于可持续农业技术的概念、内涵、特征的研究。肖焰恒（1997，2003）、卢良恕（1995）、陈晓佩（2007）研究了可持续农业技术的概念、内涵、特征，阐述了可持续农业技术对农业可持续发展的推动作用。认为可持续农业技术是一种生态合理、经济可行、社会适宜，能够有效维持土地资源、水资源、动植物遗传基因资源，不造成环境退化、经济上可行和社会能普遍接受的农业技术。其主要是指高产、优质、高效、资源节约（节水、节能、节饲料）型科学技术、品种发展和改良技术、生物防治病虫害技术、环境保护和治理技术等。可持续农业技术强调经济效益、生态效益和社会效益三者的综合。

二是关于可持续农业技术体系的研究。张壬午、孙鸿良、计文瑛、张彤（1994）运用生态经济学原理和系统工程方法，在不同层次上建立起具有中国特色的农业可持续发展技术体系，并提出了9项中国农业可持续发展实践中应用的主要技术。高旺盛（1997，1998），程旺大、赵国平、张国平（1999）指出农业技术的持续性要体现生态合理、经济可行、社会适宜原则，选择配置可持续农业技术体系应遵循四大原则，提出我国要走集约化可持续农业的路子和中国特色可持续集约农业技术体系的五大类型。董恒年（1998）认为可持续农业的技术选择应遵循产品与环境安全、效率与效益、伦理和地理空间特征适应性等标准，指出我国应建立保障环境与产品安全、提高效率与效益、符合社会伦理和环境伦理以及适应地理空间特征的四大技术体系。朱再清、张国忠（2000）分析了我国可持续农业的特点及制约因素，提出了5项农业可持续发展实践中应大力推广应用的主要技术。

三是关于发展可持续农业技术体系的对策建议研究。熊玉娟（1999）分析了现阶段农业技术体系的现状，探讨了构建农业可持续发展技术体系的原则、主攻方向、主导技术、发展模式和运行机制。最后，为促进农业可持续发展技术体系的健康运作，对农业技术创新政策、农业科技管理政策、农业科技投入政策、农业科技推广政策、农村教育政策以及其他相关政策的调整提出了建议和对策。

四是农业可持续发展的技术支撑体系研究。宁森、邹秀萍、叶文虎（2008）构筑了我国农业可持续发展的技术支撑体系，即：针对水土资源刚性约束的问题，强化克服农业资源短缺的技术支撑；针对自然灾害、病虫害频发的问题，强化克服农业不稳定性的技术支撑；针对农业生产力低下的问题，强化克服农业效率、效益低下的技术支撑；针对农业生态环境恶化的问题，强化克服农业不安全性的技术支撑。

（2）关于可持续农业技术创新的研究

肖焰恒（1997，2000）认为构建可持续农业技术创新理论是可持续农业发展的必然选择。着重界定了可持续农业技术创新的概念、内涵、特征和创新主体，并提出了可持续农业技术创新理论的研究框架和主要内容，并做了应用分析。这是国内较系统深入研究可持续农业技术创新理论与实践的重要文献。

韩东娥（2000）认为可持续农业的特性决定了可持续农业技术创新要由政府推动，应建立政府主导型的可持续农业技术创新模式，并从调整技术研发政策、技术推广政策和农户技术需求政策提出了促进可持续农业技术创新的建议。

李中东（2001）从分析农业可持续发展技术创新的内涵、功能及作用入手，在此基础上提出了我国目前农业可持续发展技术创新的发展方向和驱动机制，对我国农业的可持续发展的实施具有一定的借鉴作用。

温晓南、马成林（2008）针对吉林省西部半干旱地区，提出了构建该区域农业可持续发展技术创新体系的指导思想和总体目标，并对技术创新体系的结构进行了再设计，将体系结构按照主导结构和支撑结构进行了划分。在此基础上，提出了保障技术创新体系运行的措施，包括制定相关政策和长期规划、设置合理的研究推广机构、建立健全农业社会化服务体系和配套的激励机制。

1.2.3 研究述评

通过以上国内外文献综述，可以看出，国外对农业技术创新问题研究比较早，已经形成了较为完善的农业技术创新理论，并用于指导农业生产实践。我国农业技术创新研究比国外起步晚，主要研究集中在农业技术创新内涵界定、模式选择、影响技术创新的障碍因素和如何推进农业技术创新的政策措施等方面。20 世纪 80 年代中期国外开始对可持续农业技术及创新问题进行研究，已形成较为系统的理论，可持续农业技术创新项目在各国农业生产实践中也加以推广应用，正发挥着推动农业持续发展的积极作用。我国关于可持续农业技术及其创新研究始于80年代初。90年代起，随着农业可持续发展理论提出后，我国学者对可持续农业技术研究异常活跃，其中关于可持续农业技术相关问题的研究较多，而关于可持续农业技术创新理论与实践研究较少，还处于起步阶段。除肖焰恒（1997，2000）、韩东娥（2000）对可持续农业技术创新理论与实践做了较系统研究外，还没有见其他相关文献做系统深入研究。总体来看，世界各国关于可持续农业技术创新的具体实践已蓬勃展开，但关于可持续农业技术创新的主要问题，如：创新背景、创新动力机制、创新模式、创新扩散、农户技术选择和采用以及加快推进可持续农业技术创新的政策措施建议等方面的理论和实践研究还处于相对滞后阶段。而关于区域可持续农业技术创新研究和兵团特殊体制和农业生产管理模式下的可持续农业技术创新研究还未见相关文献。

农业技术创新具有的区域性特点决定了可持续农业技术创新同样具有区域性特征，本研究是在国内外学者关于农业技术创新和可持续发展理论研究的基础上，针对兵团特殊管理体制和农业生产管理特点，结合可持续农业技术创新的特征，研究兵团可持续农业技术创新背景、创新目标方向重点、创新动力机制、创新模式和创新扩散等问题，从而提出加快推进兵团可持续农业技术创新的对策建议，以期对我国可持续农业技术创新理论和实践研究有进一步的丰富和推动作用。

1.3 研究目的、思路、内容与方法

1.3.1 研究目的

本书以农业技术创新相关概念及其相关研究理论为基础，对兵团可持续农业技术创新背景、创新目标方向和重点、创新动力机制、创新模式和创新扩散进行了研究，并提出加快推进兵团可持续农业技术创新对策建议，旨在探讨兵团特殊体制和农业生产管理特点下的可持续农业技术创新一般规律，力求通过加快推进可持续农业技术创新，从技术创新层面上解决兵团农业持续发展过程中面临的经济、生态和社会三者协调发展失衡、资源环境脆弱、技术持续支撑能力不足等问题，为丰富区域可持续农业技术创新理论研究和兵团农业可持续发展和农业现代化的具体实践提供理论参考和实践指导。

1.3.2 研究思路

本书在阐释农业技术创新相关概念及其相关研究理论的基础上，首先分析兵团农业技术创新历程、特征，并进行绩效评价，指出兵团农业技术创新存在的主要问题；其次，从兵团农业可持续发展能力、农业可持续发展的资源环境、农业技术体系可持续性评价三个方面分析兵团可持续农业技术创新背景；再次，构建兵团可持续农业技术创新指导思想、基本原则，在对兵团可持续农业技术创新进行需求预测的基础上，提出兵团可持续农业技术创新目

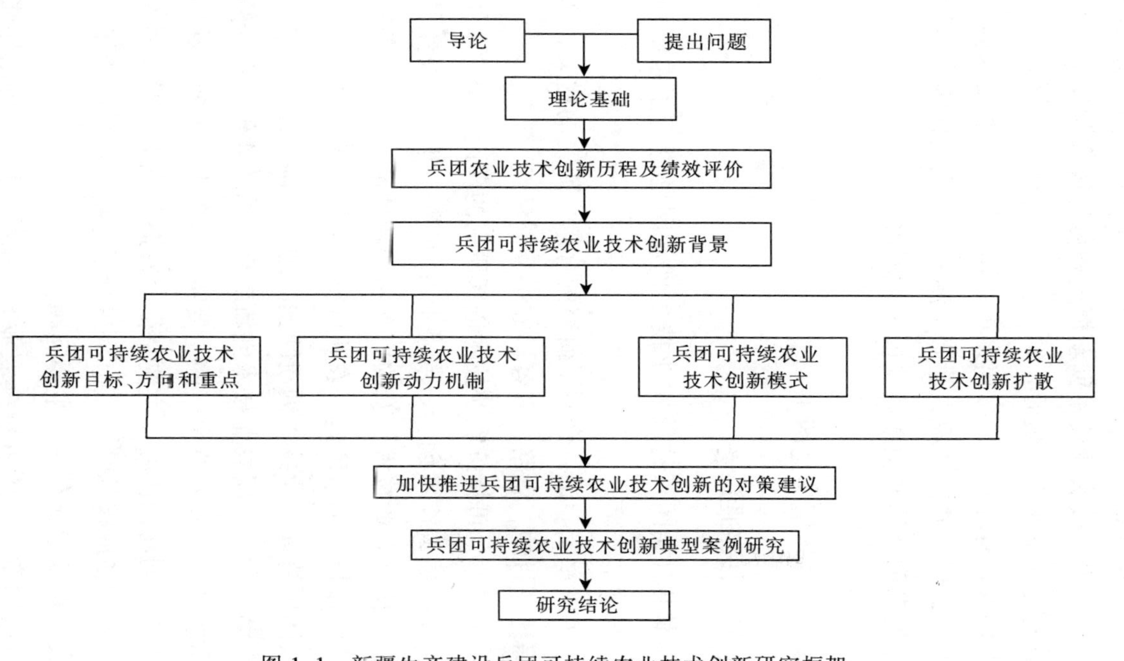

图 1-1 新疆生产建设兵团可持续农业技术创新研究框架

标、方向和重点；而后，对兵团可持续农业技术创新的动力机制、可持续农业技术创新模式和可持续农业技术创新扩散进行详细研究；最后，结合兵团特殊体制和农业生产管理特点，有针对性地提出推进兵团可持续农业技术创新的对策建议，并以新疆天业膜下滴灌技术创新作为可持续农业技术创新的典型案例验证了兵团可持续农业技术创新的研究结论。

研究基本框架见图 1-1。

1.3.3 研究内容

本书对兵团可持续农业技术创新问题进行了系统研究，共分十一章：

第一章　导论。介绍了研究的背景、研究的意义、文献综述、目的、思路、内容、方法及创新点。

第二章　可持续农业技术创新研究的理论基础。介绍了农业技术、技术创新、农业技术创新、可持续农业技术、可持续农业技术创新的概念和创新理论、技术创新理论、农业技术创新理论、农业可持续发展理论，这些是分析兵团可持续农业技术创新问题的理论基础。

第三章　兵团农业技术创新历程及绩效评价。在介绍兵团经济社会及农业生产的主要特点基础上，分析了兵团农业技术创新的历程及主要特征。在此基础上，对兵团农业技术创新取得的绩效及启示进行了分析，最后指出了兵团农业技术创新存在的主要问题。

第四章　兵团可持续农业技术创新背景。运用层次分析法对兵团农业可持续发展能力进行了评价；对兵团农业可持续发展的资源环境进行了分析；对兵团农业技术体系可持续性进行了评价。在以上三个方面分析的基础上，指出可持续农业技术创新是兵团农业持续发展的必然选择。

第五章 兵团可持续农业技术创新目标、方向和重点。对兵团可持续农业技术创新指导思想、基本原则进行了构建，在对兵团可持续农业技术需求进行预测的基础上，提出了兵团可持续农业技术创新总体方向，并围绕兵团“6221 工程”，提出了兵团可持续农业技术创新具体方向和重点。

第六章 兵团可持续农业技术创新动力机制。首先对可持续农业技术创新动力机制构成要素进行了分析，然后构建了可持续农业技术创新动力机制分析模型，并运用动力机制分析模型对兵团可持续农业技术创新主体要素和动力机制变迁进行了分析，最后结合兵团特殊管理体制特点和可持续农业技术创新的要求，提出建立准政府主导型可持续农业技术创新动力机制模式的理由。

第七章 兵团可持续农业技术创新模式。首先对可持续农业技术创新模式的基本内涵及模式分类进行了界定和阐述，对政府供给主导型可持续农业技术创新模式和农户需求主导型可持续农业技术创新模式两种主要模式进行了分析评价，结合兵团特殊管理体制和农业生产管理特点，提出了兵团应选择准政府供给主导型可持续农业技术创新模式理由和五种主要类型。

第八章 兵团可持续农业技术创新扩散。主要对兵团可持续农业技术创新扩散进行了系统研究。首先对可持续农业技术创新扩散的基本内涵及分类进行了界定，对可持续农业技术创新扩散过程及扩散系统进行阐释。在对现有可持续农业技术创新扩散模式进行分析评价基础上，结合兵团特殊管理体制和农业生产管理特点，提出兵团应选择计划与市场综合作用的可持续农业技术创新扩散模式的理由，并提出了可持续农业技术创新扩散模式的四种类型。

第九章　加快推进兵团可持续农业技术创新的对策建议。在对兵团农业技术创新存在的主要问题和可持续农业技术创新相关问题进行综合考察的基础上，提出加快推进兵团可持续农业技术创新的对策建议。主要包括：建立兵团准政府供给主导型可持续农业技术创新模式、建立和完善兵团可持续农业技术创新的政策体系、建立以自主创新为主的兵团可持续农业技术创新路径、加快培育兵团可持续农业技术创新产业化发展模式、建立完善有效的兵团可持续农业技术创新扩散机制和建立兵团可持续农业技术创新的保障机制六个方面，对推进兵团可持续农业技术创新具有重要的理论和实践意义。

第十章　可持续农业技术创新典型案例研究。以新疆天业膜下滴灌技术创新作为可持续农业技术创新的典型案例加以研究。主要从新疆天业膜下滴灌技术创新背景、创新动力机制、创新模式、创新扩散和创新政策措施对天业膜下滴灌技术创新进行了系统研究，对兵团可持续农业技术创新的相关理论进行了验证。研究发现天业膜下滴灌技术创新规律符合兵团可持续农业技术创新的研究结论。

第十一章　结论与讨论。对全书的研究进行了总结，对主要结论进行了归纳，并指出了存在的不足及有待进一步研究的问题。

1.3.4 研究方法

主要采用了以下研究方法：

（1）综合分析法。综合应用农业经济学、农业技术经济学、农业科学和区域经济学为主多学科交叉研究的分析方法和手段加以研究。

（2）实证分析与规范分析相结合。对兵团农业技术创新的历程、主要特征分析和兵团可持续农业技术创新背景分析属于实证分析。在此基础上提出了兵团可持续农业技术创新目标、方向和重点、创新动力机制、创新模式、创新扩散以及加快推进兵团可持续农业技术创新的对策建议，属于规范分析。

（3）定性分析与定量分析相结合。如对兵团农业技术创新的绩效评价和兵团农业可持续发展能力的评价，就是用定性分析与定量分析相结合的方法。

（4）案例分析法。以新疆天业膜下滴灌技术创新为例，运用案例分析法验证所提出的兵团创新动力机制、创新模式、创新扩散模式和相关对策建议的合理性。

1.4 研究的创新点

本书是在广泛研究国内外有关文献，主要汲取借鉴现有农业技术创新理论和可持续农业技术创新研究成果的基础上，结合兵团特殊管理体制和农业生产管理特点的实际，对兵团可持续农业技术创新的相关问题作了认真深入的思考和研究，力求突破原有的研究成果，实现自己的创新。可能的创新之处有：

（1）较为系统地建立了兵团可持续农业技术创新的研究框架，包括：创新背景→创新目标、方向和重点→创新动力机制→创新模式→创新扩散→对策建议→案例研究。建立这样一个研究框架，是在国内外学术界已有研究成果的基础上，对可持续农业技术创新问题研究进行的更宽领域的拓展和深化，为进一步深入研究可持续农业技术创新奠定了基础。

（2）首次运用层次分析法，从定量角度分析兵团农业可持续发展面临经济、生态和社会协调发展失衡问题；运用可持续农业技术创新动力机制模型，分析兵团建立准政府主导的可持续农业技术创新动力机制模式的合理性；运用天业膜下滴灌技术创新案例验证兵团可持续农业技术创新的研究结论。

（3）首次从兵团农业可持续发展能力、农业可持续发展的资源环境和农业技术体系可持续性评价三个方面入手，分析了兵团农业面临经济、生态和社会协调发展失衡、资源环境脆弱和技术持续支撑能力不足问题，提出加快推进可持续农业技术创新是兵团农业可持续发展的必然选择。

（4）运用农业技术创新及其相关理论成果，结合兵团特殊体制及农业生产管理特点，深入地分析了兵团可持续农业技术创新涉及的主要问题。包括：兵团可持续农业技术创新目标、方向和重点、建立准政府主导型可持续农业技术创新动力机制、选择准政府供给主导型可持续农业技术创新模式、建立计划与市场综合作用的可持续农业技术创新扩散模式、加快推进兵团可持续农业技术创新对策建议等，添补了区域可持续农业技术创新理论与实践的研究空白。诸多研究成果、观点与对策建议具有重要的现实指导和借鉴意义。

第二章　可持续农业技术创新研究的理论基础

2.1　可持续农业技术创新的相关概念

2.1.1　农业技术

1. 农业技术的内涵

农业技术的定义是一个发展的概念。在古代中国，人们对什么是农业技术并没有下明确的定义，只是强调农业技术的“怎样做”以提高农业生物产量的含义，其主要强调农业生产的实用技艺。6世纪后魏的贾思勰的《齐民要术》中提到的“术”、“艺”或“法”就是这个含义。西方古罗马农学宛M.T.瓦罗在《论农业》一书中，把农业技术定义为“一种既必需又重要的技艺”。由此可见，无论在中国还是在西方，古代的农业技术观，是对个体手工操作经验的总结，对农业技术还没有一定的理性思考。

到了近代，人们对农业技术有了明确的定义，对农业技术有了一定的理性思考，但仍未完全超出古代那种实用的“术、艺、法”的经验范畴。许多国家把农业技术称之为从事农业生产活动的“农艺”与“技巧”。前苏联将农业技术称为“农艺”，把从事农业技术工作的人叫做“农艺师”。英国大百科全书中把农业技术定义为“用来控制动植物产品的增长与收获技巧”。近代的这种“农艺”与“技艺”的农业技术观，比古代的农业技术观提高了一步。它强调农业技术的“系统措施”与“控制功能”，不只局限于个体手工操作的经验，比较注意反映近代农业科学技术的成就，已经有了理性的综合思考。

到了现代，随着科学技术的高度分化与高度综合，科学技术不断地转化为生产力，它对自然与社会的作用能力不断增强，影响不断扩大，为了有效地创造和使用技术，正确地发挥技术的作用，人们进一步从理论上对技术进行了系统的探讨与思考，提出了关于技术的种种学说和观点，对技术本质的认识由浅而深，由不全面到较为全面。

综上所述，农业技术是历史地产生和发展起来的，农业技术的概念也会随着历史的发展而发展。根据对农业技术本质的综合理解，笔者认为，农业技术泛指人类在农业科学实验和生产活动过程中认识和改造自然所积累起来的知识、经验和技能的总和。主要包含三个层次：一是根据自然科学原理和农业生产实践经验而发展成的各种农艺流程、加工方法、劳动技能和诀窍等；二是将这些流程、方法、技能和诀窍等付诸实践的相应的生产工具和其他物质装备；三是适应现代农业劳动分工和生产规模等要求的对农业生产系统中所有资源（包括人、财、物）进行有效组织与管理的知识经验与方法。第一、三层次属于软技术，本身具有在学习与传授下的转移流动性，第二层次属于物化的硬技术，本身不具有直接分离的流动性，但具有可复制性。①

2. 农业技术的主要特征

农业技术作为一个特殊的活动领域，它与农业科学、生产和艺术有着相当密切的联系，同时又存在着根本的区别。

(1) 与农业科学研究相比，农业技术的显著特点是实用性。农业科学研究的任务的探索农业科学真理，增加人类的知识财富。农业技术的任务则是控制、利用和改造农业自然和生物，增加农业生产的效率和物质财富。即农业技术与农业科学有着显著的不同，其任务是改造世界，解决怎样做的问题，具有直接的应用性、实践性和保密性。但是它和农业科学密不可分，农业科学本身就是应用性很强的技术科学，“是什么”的认识问题与“怎样做”的改造问题紧密联系，不像基础科学与技术之间有明显的中介环节。此外，农业技术具有更大的经验性。农业科学虽然有时也从经验出发，但由于其目的是提示客观事物发展变化的普遍规律，所以，理论方法在科学研究中占有更为特殊的地位，而其成果也无一例外都抽象的。

(2) 与农业生产活动相比，农业技术的特点是其成果的信息形式。农业技术研究所取得的成果（如新材料、新品种、新方法和新农艺等）固然要付诸于生产实践，但这些物质成果本身毕竟不是农业技术研究结果的主要标志，而主要标志是导致这些物化成果的技术知识，是设计方

① 熊银解等. 农业技术创新·扩散·管理［M］. 北京：中国农业出版社，2004 年。

案、技术诀窍、农艺（工艺）说明书等信息形式。当然，农业技术的物化手段，可以广泛地利用自然物和人工自然物。既有原始的石制工具，传统的铁木工具，又有现代化的机电工具；既有非生物的手段，如化肥、农药、塑膜、机械、电子等，又有生物的手段，如良种培育、绿肥种植、生物固氮、生物防治、微生物利用，以及细胞培养、细胞融合、基因重组和生物反应器等新兴的生物工程技术。

（3）农业技术对象具有生物性。工业技术作用的对象，主要是非生物资源，如矿产、石油、化工、水利、机械和电子等。农业技术作用的对象，则以生物资源的利用、控制和改造为中心。当然农业技术有的作用对象并非一定具有生物性，但对非生物对象的作用，却以生物对象为中心，目的在于为农业生物的生长发育创造良好的生态环境。例如土壤耕作和施肥，是为了给农作物创造良好的营养环境，水利灌排是为了给农作物的生产创造良好的水利条件，农业机械是为了提高农业生物生产的劳动效率，工厂化设施是为了给农业生物创造可控的温、光、气、水等条件。

（4）农业技术具有高度的综合性。农业技术不仅与某一门学科有关，而且要运用多学科的综合知识，涉及经济的、社会的、法律的、环境的、心理的和生理的因素. 农业技术的控制因素复杂多样，有自然因素和社会因素两大类。自然因素包括：机械力学的、物理的、化学的、天文地质的，生物的和生态的因素。社会因素包括：生产、分配、交换、流通等方面的经济因素和文化、教育等方面的精神因素。因此，农业技术的控制，必须实行综合控制，不能只强调单一的控制。所以，要重视农业技术的综合控制，发挥技术的综合作用，提高农业技术控制的综合力。

（5）农业技术进步具有滞后性与长周期性。由于农业技术作用的对象是活的生物有机体与复杂的环境，由此决定农业技术的变革与进步滞后于工业技术。农业技术的成果从产生到应用，一般至少要经过7～8年时间。如果从技术应用理论产生开始计算，这一周期则更长。

3. 农业技术的主要功能

农业技术的功能，就是农业技术系统对环境的作用与影响能力。这种作用与影响，对人类来说具有两面性，既有正面的积极作用，又有反面的消极影响。农业的发展，就是在努力发挥其正面积极作用，不断克服其消极影响的过程中前进。农业技术的功能，具体表现为桥梁功能、经济功能和保护功能。

（1）农业技术是科学转化为直接生产力的中介和桥梁。纯粹理论形态的农业科学知识，必须通过农业技术，才能运用于生产过程，渗透到生产力的各个要素当中去。依据科学原理变革劳动手段和劳动对象，已离不开农业技术的桥梁作用。通过这一农业技术桥梁和中介作用，我们在利用、控制生物与环境的过程中，可以改进农业生物的品质与性能，改善农业生物生长与发育的环境，减少不良因子对农业生物的危害与损失，从而不断地提高农业生物产量和改进农业生物品质。例如，通过农业技术选育的优良品种，一般具有优良的性能、遗传特性好、适应性强、具有抗逆性和产量高等特点。一个优良品种的选育和推广，可显著地提高农作物与畜禽的产量，一般可使农作物平均增产30%左右，畜牧业增产20%～30%。

（2）农业技术进步提高社会经济效益的功能。与科学研究相比，农业技术的显著功能是它的经济社会功能。农业技术的进步，不但可以提高农业劳动生产率（劳均生产水平）、土地生产率（亩均生产水平）和农业科技在农业总产值增长中的贡献率，还可以降低生产成本，增加劳动者收入，做到增产增收，从而达到提高社会经济效益的功能。

（3）农业技术保护生态环境的功能。农业技术保护生态环境的功能是通过发挥农业科学、经济科学、环境科学与系统工程学等学科的综合作用，充分利用自然的物质与能量，对自然既开发又保护，使农业在人与自然协调的过程中发展。这一功能也可称之为生态农业技术功能。由于常规现代农业技术目前受到了资源、能源因素，生物、生态因素，以及社会经济因素的严重制约，人们日益重视这种生态农业技术功能的发挥。

2.1.2　技术创新

技术创新概念起源于奥地利经济学家熊彼特1912年在他的《经济发展理论》一书中提出的“创新理论”。熊彼特认为，创新是指把一种从来没有过的关于生产要素的“新组合”引入生产体系。按照熊彼特的观点，创新就是生产函数或供应函数的变化，或者说是生产要素和生产条件的新组合，创新包括技术创新和组织管理上的创新。熊彼特没有直接对技术创新下狭义的严格定义。后来许多经济学家的技术创新概念，都是根据熊彼特的观点发展起来的。

国外学者关于技术创新的研究较多，主要有伊诺思、曼斯菲尔德、厄特巴克、弗里曼、美国国家科学基金会（即 NSF）迈尔斯和马奎斯和缪尔塞等从不同的角度对技术创新概念做了表述。国内学者对技术创新研究主要是借鉴国外的概念，在基本内涵上本身没有本质突破。

笔者综合国内外研究认为，技术创新是指新的技术在生产领域的成功应用，包括对现有技术要素进行重新组合而形成新的生产能力的活动，既包括新发明、新创造的研究和形成过程，也包括新发明的应用和实施过程，还应包括新技术的商品化、产业化的扩散过程，也就是新技术成果商业化的全过程。

2.1.3 农业技术创新

1. 农业技术创新的内涵

综合有关农业技术创新概念的研究，笔者认为农业技术创新有狭义和广义之分。狭义的农业技术创新指农业新技术的发明或新技术的研发过程；广义的农业技术创新是指将农业技术发明应用到农业经济活动中所引发的农业生产要素的重新组合，包括新技术的研究开发、试验推广、生产应用和扩散等一系列涉及科技、组织、商业和金融活动等相互关联的综合过程。本书在这里采用广义的农业技术创新概念，即农业技术创新主要应该包括农业技术发明、农业技术首次商业化使用和农业技术扩散三个环节，是以现有农业知识和技术为基础，以农业技术发明、农业技术首次商业化使用和农业技术扩散为基本环节，通过基本环节之间的有机衔接，不断完成农业技术发明向成熟农业技术转化和成熟农业技术向农业生产系统的植入过程，进而实现农业技术进步和农村经济发展的技术、经济活动过程。

2. 农业技术创新的类型

（1）按重要性分为：渐进性创新、根本性创新、技术系统的变革和技术—经济范式的变更。渐进性创新是一种存在于几乎所有工业和服务业活动之中的，主要依靠需求压力和技术机会持续不断地推进技术发展的创新活动；根本性创新是指企业首次引入的、能对经济发展产生重大影响的创新；技术系统的变革是一种影响深远的技术变革，它是指技术体系的重大变革，它不是一项单独的创新，而是由众多技术上相关联的创新组成的创新群；技术—经济范式的变更既伴随着许多根本性的创新群，又包含有许多技术系统的变更，几乎影响到经济的每一个部门。

（2）按内容分为：产品创新、工艺创新和服务创新类型。产品创新是企业向市场上首次推出技术上有某种改变的新产品的过程；工艺创新是指产品的生产技术的改进和变革，包括新工艺、新设备和新的组织管理方式；服务创新是指新的设想、新的技术手段转变成新的或者改进的服务。

（3）按技术来源分为：自主创新、模仿创新、引进创新和合作创新。自主创新是指企业完全依靠自己的技术积累突破技术难关，并且依靠自己的力量成功实现技术的商业化过程，取得预期经济效益的技术创新活动；模仿创新指从企业外（包括国内国外）引进先进的科技成果（包括产品、技术或装备）予以消化、吸收、创新；引进创新是指通过逆向工程等手段，对引进的技术和产品的消化、吸收、再创新的过程；合作创新是指企业间或企业、科研机构、高等院校之间联合创新的行为。

（4）按生产要素分为：节约劳动型、节约资本型和中性型。节约劳动型是指创新后资本（即物化劳动）在产品价值构成中所占的比重增大，即相对于劳动边际产品而言，增加了资本的边际产品；节约资本型是指创新后劳动在产品价值构成中所占比重增大，即相对于资本边际产品而言，增加了劳动的边际产品；中性型是指创新后，活劳动和物化劳动在产品价值构成中比例不变，或者以同样的比例增加了资本和劳动的边际产品。

3. 农业技术创新的特点

（1）创新的系统性。农业技术创新由创新过程体系、创新组织体系和支撑体系三个子系统构成。各子系统内部有其内在的运行机理系统，受多种因素交叉作用形成，三大子系统功能不同，相互作用、相互补充，共同推动农业技术创新活动。

（2）创新主体的多元化。农业技术创新整个过程有多个主体参与，这些主体主要包括农业高等院校、农业科研机构、推广机构、中介服务机构、农户和涉农企业都参与了农业技术创新整个过程，从而呈现农业技术创新主体的多元化特征。

（3）创新的公共物品性。由于农业生产和技术的特殊性影响，使得农业技术创新具有公共物品性特征。通常，大部分农业技术创新成果具有非竞争性和非排他性特征，因而具有公共物品性质。其主要原因在于：①农业技术创新成果应用具有分散性和通用性；②农业功能的多样性决定了有的技术创新成果偏重于社会效益和生态效益，不可能完全由市场来配置创新资源；③受农户生产规模等多种因素影响，农户对技术创新的现实有效需求不足，光靠市场需求无法推动农业技术创新的持续发展；④农业技术创新投入大，周期长、时滞长、风险大，没有政府的支持和介入不可能完成。

（4）创新的不确定性和高风险性。农业技术创新是一种极强的探索性活动，这决定了其存在巨大的不确定性和风险性。创新主体在行为目标、判断准则和收益预期等方面缺少相关的参照物，使创新者在选题、立项、研究论证、技术水平评估、成果传播、转化、应用、融资、风险化解等方面具有极大的模糊性和探索性。其不确定性主要表现在：技术研制存在较大的不确定性、创新成果市场存在不确定性、技术创新收益分配的不确定性和创新制度环境的不确定性四个方面。

（5）创新的时滞长。农业技术创新时滞是指从最初的技术研制到最终作为实用化商品进入市场并为农业生产者接受的长期过程。创新时滞广泛存在于各个创新领域。农业生产的分散性和对自然环境的依赖性，使得农业技术创新时滞表现得更为显著。[①]

① 傅新红等．试论农业技术创新的内涵与特征［J］．山地农业生物学报，2003（4）：335。

4. 农业技术创新动力与模式

（1）农业技术创新的动力。农业技术创新有多个参与主体，不同参与主体的不同价值取向，决定了农业技术创新动力的多元化特征，而且每个创新主体的动力并非单一。如政府作为农业技术创新的主体，其创新动力主要来自社会公益方面的需求。农业高等院校、农业科研机构参与技术创新的动力可能是政府委托或指派任务的驱使，或是对职称、学术名誉的追求等。作为独立的商品生产和经营的农户，其采用农业技术的动力也是多方面的，其主要是谋求技术创新的净收益、减轻劳动负担、克服自然资源和市场的限制、提高劳动生产率等。

（2）农业技术创新的模式。农业技术创新模式指影响和决定农业技术创新过程的诸多因素的组合与配置方式。农业技术创新的基本模式可分为三种：第一种是市场需求拉动模式，指由于市场的需求，以及生产要素的禀赋不同，对农业生产和技术提出了明确的要求，从而诱导农业科学技术的发展，进而生产出适应市场的产品，最终诱导市场的需求。第二种是技术发展推动模式，指由于相关农业技术发展的推动作用而产生的技术创新。技术推动表现为科学技术明显走在生产的前面，从而激发出市场的潜在需求。第三种是双重作用模式，指在农业技术创新时，创新者拥有或部分拥有农业技术发明或发现条件下，收到市场需求的诱发，并由此展开技术创新活动的一种模式。

5. 农业技术创新的作用

各种类型的农业技术创新带来了各国农业经济的巨大发展，同时也推动了人类社会的进步。农业技术创新是人类财富之源，是农业经济增长的根本动力。

（1）农业技术创新促进了农业经济高质量的增长。农业经济增长，既有数量的扩大，又有农业经济系统质量的改善。这种质量的改善是通过技术创新实现的，主要表现为农产品附加价值的提高和资源耗费的降低，即用等量的资源可创造更多的财富。农业技术创新促进了农业经济高质量增长的主要表现为：农业技术创新使要素数量不断增加、使要素质量不断提高和使要素组合不断优化三个方面。

（2）农业技术创新提高农业组织和企业经济效益。农业要使经济活跃，提高农业组织和企业的经济效益，只有一条路，那就是通过农业技术创新来改善产品结构，提高产品附加价值，以适应市场的需求。1933 年美国将研制成的杂交玉米应用于农业生产，人类才开始向现代农业迈进；20 世纪 50 年代以来，以美国为代表的发达国家农业逐步实现机械化和化学化，大幅度提高了农业生产率；从 20 世纪 60 年代开始，美国将培育出的杂交高粱、杂交大麦、杂交棉花和杂交水稻向发展中国家推广，即“绿色革命”，大幅度提高了发展中国家的农业生产率。

（3）农业技术创新带动新产业的发展。任何一种农产品的市场容量都是有限的，当一种农产品的市场发展到一定程度，就会出现饱和或供大于求的情况，不仅会趋于饱和而达到成熟，而且还会走向衰老与死亡，最终被另一种新的农产品所替代。而这种替代会使企业的命运发生戏剧性的变化，现有农产品技术领域的领先者未必会成为新技术领域的领先者。如果农产品生命周期到了产品市场替代阶段，产业更迭或部门转移的过程就开始了，在这个过程中，任何等待观望都意味着放弃发展，坐以待毙。所有农业企业都必须通过技术创新寻求新的发展机会。

（4）农业技术创新提高农业企业竞争力。在计划经济时期，农业生产是指令性的，产品可以几十年“一贯制”，不愁无人要。在市场经济中，农产品是由用户来选择的，争夺顾客是竞争的焦点，在对外开放的条件下，这种竞争又具有国际性，它是围绕争夺世界市场而进行的，参加竞争的并非是政府，而是企业。竞争的结果是优胜劣汰，农业组织和企业在竞争的压力下，必然要在更大的范围内和更高的层次上开展技术创新，以取得竞争优势。

2.1.4 可持续农业技术

1. 可持续农业技术基本内涵

可持续农业技术这一概念是伴随着农业可持续发展理论的提出而逐步发展而来的。关于可持续农业技术的理论研究文献较多，在综合大量文献的基础上，笔者认为：可持续农业技术是一种生态合理、经济可行、社会适宜，能够有效维持土地资源、水资源、动植物遗传基因资源，不造成环境退化、经济上可行和社会能普遍接受的农业技术。其主要是指高产、优质、高效、资源节约（节水、节能、节饲料）型科学技术、品种发展和改良技术、生物防治病虫害技术、环境保护和治理技术等。①

① 齐晓辉等．我国可持续农业技术创新问题研究——以新疆建设兵团为例［J］．科技进步与对策，2009（12）：69。

2. 可持续农业技术的主要特征

可持续农业技术与传统农业技术相比，主要表现为以下特征：首先，从投入构成来看，可持续农业技术是减少使用或不使用化学农用品（如化学农药、化学肥料、生长激素、抗生素等）的新技术。因此，它们往往是由多种技术（信息、耕作、生物、物理和化学等）构成的战略，而且针对不同地区的自然和资源条件差异"战略"的构成内容也不完全相同。因此，可持续农业技术的标准难以统一，其构成的复杂性也使得农民对其有效采用存在一定的困难。其次，从使用的结果来看，可持续农业技术在给生产者带来直接经济效益的同时，会节约资源并大幅度降低对环境和人体健康的风险。这也是经济学上对可持续农业技术进行科学界定的出发点和大力鼓励可持续农业技术研究、扩散的主要理由。最后，可持续农业技术强调经济效益、生态效益和社会效益三者的综合。其中，后两种效益实际上是可持续农业技术采用的外在经济性的体现，而外部性难以内部化这一问题也给可持续农业技术的推广应用带来的一定的困难。

3. 可持续农业技术主要内容①

就现有的研究成果来看，可持续农业技术可以归纳为以下六个方面：

（1）常规式可持续高产农业技术。主要特点就是以提高单产（单位土地、水域或畜禽个体）为主攻目标，在集

① 高旺盛．建立中国特色的可持续农业技术体系［J］．农业现代化研究，1997（5）：140－150。

约化投入和科学管理的条件下，高产再高产，达到高投入高产出高效率的持续性目标。如：高产复熟间套种技术、规模化集约式饲养技术、高产淡水养殖技术、“吨粮田”技术开发、高产超高产新品种开发等。

(2) 节水高产高效农业技术。针对水土资源时空分布特征，从不同区域水资源可持续利用限制因素入手，研究开发以省水高产的生物和工程节水技术，提高水资源利用率，走出一条可持续农业的技术道路。重点技术包括：干旱半干旱丘陵地区集水补灌技术、限水灌溉地区农田节水灌溉工程技术、耐旱省水高产品种或生物资源开发、标准化节水灌溉水利工程及农田基本建设等。

(3) 节肥节药低耗高效农业技术。主要目标就是要在一定限度内，尽可能减少农业系统外部投入物质（化肥、农药、种子、劳力）使用量，以降低系统外部投入成本，减轻农户经营负担和环境压力，同时还能达到高产持续的目的。主要包括：新型长效缓释肥料品种与应用技术开发、高肥效率农作物新品种资源开发利用、精密平衡施肥技术、新型多元微肥或复合肥料、低耗农药型抗病虫转基因品种、生物农药开发、精量播种、种子包衣剂等。

(4) 耕地保护与中低产田改良技术。主要解决保护宝贵的农田土地数量以及不断地提高其质量并满足持续高产的需要。重点包括：障碍性土地的综合改良技术、水土保持技术、低产土壤培肥利用技术、小流域综合治理、荒地利用以及废弃土地复退技术等。

(5) 资源多级循环与再生利用技术。此类技术在生产实践中往往不易引起关注，其原因在于人们尚未充分认识到运用生态学原理和资源经济学原则来指导农业持续发展的重要性。重点包括：农林复合系统、农牧连锁系统、沼气技术、秸秆还田、秸秆资源化综合利用、种养加一体化、农副产品深加工等。

（6）推动可持续性生物工程技术。为了满足建立可持续农业技术体系的需要，生物工程应在克服重大非持续性因素方面做出突破性贡献。重点解决 4 大难题：一是运用转基因手段培育抗病玉米、抗虫棉、耐盐碱植物、多抗或双抗型农作物品种以及动物新品种；二是利用生工程技术培育高光合效率的新品种；三是运用生物技术攻克稻瘟病、棉花黄枯萎病、玉米纹枯病、小麦锈病、猪口蹄疫等重大病害的防治机制与新技术；四是运用生物技术挖掘杂交水稻、杂交小麦、杂交油菜、杂交棉花以及畜禽杂种优势等方面的生物潜力，实现生物生产力在遗传上的突破。

2.1.5 可持续农业技术创新

1. 可持续农业技术创新的基本内涵

关于可持续性农业技术创新的理论研究文献比较少，比较全面的研究是肖焰恒。肖焰恒（2003）认为[①]：可持续农业技术创新是对传统农业技术创新的改进，是对农业资源及环境不产生危害，甚至对农业资源有节约作用或对农业生态环境有明显改善作用，能带来生态、经济、社会效益的农业技术创新。从本质上讲可持续农业技术创新属

① 肖焰恒．可持续农业技术创新理论的构建［J］．中国人口·资源与环境，2003（1）：107－108。

于农业技术创新范畴，其创新要素、类型及过程与农业技术创新基本一致。不同的是，传统的农业技术创新是以技术适用性为创新原则，未考虑技术创新对环境或资源产生的影响。也就是说，传统的农业技术创新函数中，代表环境和资源权益的生态变量是被排除在外的。可持续农业技术创新则是对传统的农业技术创新在基于友善环境方面的有效改进，是在遵循技术效率和技术适用性的原则基础上，将表达环境和资源权益的生态变量纳入到创新函数中，作为农业技术创新的另外一个重要创新准则，规范和约束农业技术创新的方向和范式，从而保证农业技术创新对农业可持续发展的推进作用。这一过程模型可用图 2-1 来简单示意。如果用 E_r 表示技术创新对资源的影响，用 E_e 表示技术创新对生态环境的影响，则：

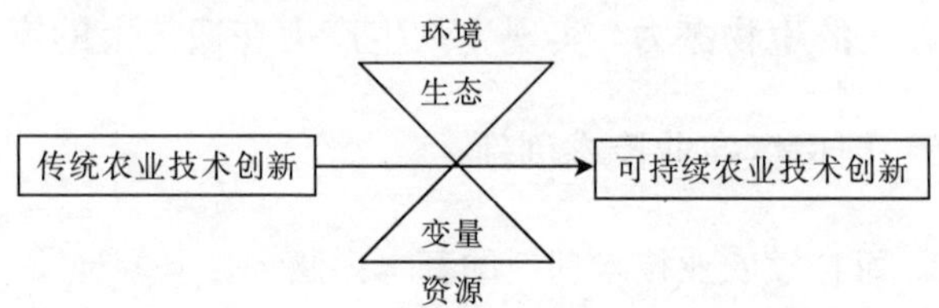

图 2-1　从传统农业技术创新到可持续农业技术创新的过程

$$E_r + E_e \geqslant 0 \text{ 同时满足 } E_r \geqslant 0 \quad E_e \geqslant 0$$

由此界定了农业技术创新的双重准则：一是技术效率原则，即技术创新必须对经济效益有较大贡献；二是可持续性原则，即技术创新必须保证对生态环境及资源的非负效应。因此，可持续农业技术创新实则是对传统农业技术创新的改进，在技术创新的各个连续环节中，将可持续原则整合到创新过程的每个阶段。

基于以上分析可知，笔者认为可持续农业技术创新应包含三方面的基本含义：一是对原有农业技术的突破，即以研究开发新一代可持续农业技术成果取代原有的技术成果；二是对原有农业技术的融合，即将已有的农业技术成果经过改进发展成为可持续农业技术成果；三是对原有农业技术的筛选，即对现有的农业技术，从资源利用率、产品质量、品质以及环境影响等方面进行可持续性评估，推广有利于可持续农业发展的技术，淘汰不利于可持续农业发展的技术。

2. 可持续农业技术创新主体

可持续农业技术创新的主体是农业研究机构或研究人员，这与传统农业技术创新是相同的。但是，由于可持续农业技术创新是一个从农业科技成果的供给到创新成果扩散的完整过程，参与这个过程的角色应该包括：作为技术供给方的公共或私人性质的研究开发机构、作为技术采用的农户、在两者之间起桥梁纽带作用的中介机构——农业技术推广机构和资助农业研究开发活动并提供必要的基础设施的政府部门等。

3. 可持续农业技术创新的主要特征

由上对可持续农业技术创新的内涵分析可知，可持续农业技术创新既具有传统农业技术创新的特征，也具有不同于传统农业技术创新的特征。其特征可以概括为[①]：

（1）可持续性。可持续性是可持续农业技术创新的内

① 齐晓辉等．我国可持续农业技术创新问题研究——以新疆建设兵团为例［J］．科技进步与对策，2009（12）：70。

核和基本要求，其主要表现在：可持续农业技术创新是以实现持续增长的农业生产率、持续提高的土壤肥力、持续协调的农村生态环境、持续利用的农业自然资源作为创新的总体要求；以对环境无污染、无损害、节约使用资源的可持续性原则作为创新的评判准则；以技术实施的各个链条、环节的绿色化设计作为创新设计思想。可持续农业技术创新宗旨在于通过技术创新，建立起一个集传统农业技术、常规农业技术与现代高新技术为一体的现代持续农业技术体系。

（2）风险性。可持续农业技术创新是一种全新的技术创新模式，具有试验性的显著特点，各个环节与阶段均含有不确定因素，从而使技术创新呈现出高风险性。这种不确定性主要表现在：一是技术方面的不确定性，即创新的技术成果对农业生产或人们生活、健康方面的影响是不确定的；二是市场方面的不确定性，即创新技术或产品的未来市场前景如何具有不确定性；三是创新收益的不确定性，即创新成果具有外溢性，创新者不能占有技术创新带来的全部收益。这主要由于农业技术（如生物技术、耕作制度等）具有很强的通用性，易于模仿，使创新技术产权无法独享，创新者不能独占收益。

（3）高效性。可持续农业技术创新同传统的农业技术创新相比较，具有显著的优越性。可持续农业技术创新是建立在农业最新科学成就和当时农业科技发展的最高水平基础上，它是包括生物技术、计算机技术、核技术、信息遥感技术、等离子技术等农业高新技术创新与传统优良技术创新、常规农业技术创新的有机结合，其创新成果应用于动植物保护、土壤改良、农产品深层次加工等领域，均能取得较高的经济效益和社会效益。

（4）公共物品性。由于农业生产和农业技术的特殊性，致使可持续农业技术创新具有典型公共物品性。这一特点主要根源于：一是农业技术创新主要针对于农业生产技术、耕作制度等领域，具有很强的通用性，容易被模仿，且保密性比较差；二是农业技术创新主体多为政府研究机构，创新成本主要由政府资助，创新成果以社会收益为主，不追求利润最大化；三是农业技术创新潜在需求量较大，但由于受农户生产规模小、生产经营水平低、购买技术能力弱等因素限制，大多农户不具备支付昂贵专利费用购买创新成果的实力，多为政府无偿提供技术成果。

2.2　可持续农业技术创新研究的理论基础

2.2.1　创新理论

创新理论最早是由美国经济学家熊彼特 1912 年在《经济发展理论》一书中提出的，现在已经渗透到社会经济的各个领域。他认为，“创新”就是建立一种新的生产函数或供应函数，即把一种从来没有过的生产要素和生产条件的“新组合”引入生产体系。具体包括五种形式：①引入一种新产品或提供产品的新特性；②采用一种新的生产方法；③开辟一个新的市场；④掠取或控制原材料或半制成品的一种新的供应来源；⑤实现任何一种工业的新的组织。可见熊彼特的创新理论包含产品创新、工艺创新、市场创新、资源开发创新和组织管理创新。[①]

2.2.2 技术创新理论

1. 技术推进理论

技术推进理论起源于早期的熊彼特（Schumpeter J. A.）创新理论，20 世纪 60 年代基本形成。他们认为，任何科学技术上的重大突破，是引起技术创新活动的原动力。这一理论认为，技术创新是由技术发展的推动作用而产生的，是从科学研究开始，实验室里得到的成熟技术成果，然后着手寻找市场，通过技术创新，使其商品化，达到发展经济的目的。这个理论认为人们应重视科学技术研究，特别是基础研究。因为由此产生的技术创新，一般是比较重大的技术创新，它不仅改变生产技术和管理技术，而且引起技术体系的根本变革，导致新的产业崛起以及对传统产业的改造，落后产业的淘汰。由此改变社会、经济和科技的发展进程，即技术革命。

2. 市场需求拉引理论

20 世纪 60 年代，以美国经济学家施莫克勒（Schmookler J.）为代表的市场需求拉引论认为：技术创新是在市场需求的引导下追逐高额利润的趋势下进行的经济活动。在市场经济条件下，各种社会需要一般表现为市场需要，包括消费者的需求，也包括生产者的需求。企业家的创新行为总是将技术创新与满足市场需要紧紧拴在一起，在一个重大的技术创新之后，一定要紧紧围绕市场需求来开展研发活动，而不能

① 约瑟夫·熊彼特．经济发展理论［M］．北京：商务印书馆，1990.

停留在实验室闭门造车。

3. 技术推动——市场拉动综合作用理论

20世纪70年代，罗森堡经过深入研究，提出技术推动—市场拉动综合作用理论。他认为：技术创新是技术推进和市场需求拉引共同作用下的活动，科学技术进步和市场需求都是决定创新成功与否的重要因素。

4. 技术规范—技术轨道理论

英国经济学家多西（Dosi G.）否定了“技术推进”和“市场需求拉引”理论，提出技术规范—技术轨道理论，认为：根本性创新会带来新观念的产生，这种观念一旦形成理论，就成了技术规范，技术规范如果在较长时间内发挥作用、产生影响，就固化为某条技术轨道，一旦形成技术轨道，持续创新就会在这条轨道上涌现。

5. N-R关系理论

日本学者斋腾优首先提出N-R关系理论。N是英文need的缩写，是社会对某种产品和服务的需求。R是英文resource的缩写，是指能用来生产产品和服务的资源数量。在某种产品和服务的需求大于可用于生产他们的资源数量的时候，就会产生资源“瓶颈”，或者说产生社会需求和社会资源供给间的矛盾，这就会产生技术创新的动力。

6. 行政推力动力机制理论

这种理论认为，行政推动力是引起技术创新机制的重要因素，其基本可以表示为：国家计划部门计划⟶科研单位研制开发⟶企业试制⟶产品推广。这种理论主要存在于中央计划经济的国家，如果技术创新出现不利因素，行使行政推动力会起到更加积极有效的作用。

7. 诱致性技术创新理论

希克斯（Hicks J. R.）在《工资理论》一书中认为，技术创新是生产要素稀缺引致的，其目的是为了降低产品成本，以便提高利润。其后，宾斯旺格、速水（Hayami）、拉坦（Ruttan）等人对希克斯理论进一步完善，成为诱致性技术创新理论。林毅夫用中国杂交水稻的数据对诱致性技术创新进行了检验。认为，诱致性技术创新理论不仅适合要素市场化的条件，在中国计划经济条件下，诱致性技术创新理论也是适合的。而罗森堡（Rosenberg N.）则认为：技术发展不平衡、生产环节的不确定性和资源供给的不确定性是诱导技术创新的三种因素。这三种诱导因素均是制约生产进一步发展的障碍因素，这种障碍形成的压力，诱导人们围绕这些障碍进行创新活动。

2.2.3　农业技术创新理论

1. 速水—拉坦的诱致性农业技术创新理论

日本经济学家速水佑茨郎和美国经济学家拉坦认为，资源、技术、体制和文化是农业系统中相互作用的四个变量。在市场经济条件下，不同地区由于资源结构不同，决定以上投入要素的价格不同，这将影响和诱导生产者的技术选择和偏好，从而引发技术的变革，形成各种形式的技术类型。[①]

---

① 卢东宁．农业技术创新链循环研究［M］．北京：中国社会科学出版社，2008.

2. 舒尔茨的现代要素引入理论

舒尔茨（1999）在《改造传统农业》一书中认为在农业部门引入新的生产要素是改造传统农业的关键，而这种生产要素就是，随着要素价格的变动，而不断引进的新技术，这样才能使传统农业得到很好改造。同时，他认为，“人力资本是最重要的现代要素，而关键是培育具有现代科学知识和能运用现代生产要素的劳动力，这是农业技术创新的基础”。①

2.2.4　农业可持续发展理论

可持续发展是一种全面的发展观，它一经产生便渗透到了政治、经济、农业、教育等多个领域，而作为这一思潮的最大贡献之一便是它对农业产业领域的影响。

1. 农业可持续发展的概念

20世纪80年代以来，随着可持续发展观和可持续发展理论在全球的形成并盛行，可持续农业（Sustainable Agriculture）作为一种新的农业思潮在全球迅速传播，受到世界各国的普遍重视并付诸实施。纵观国内外关于农业可持续发展的概念论述，笔者认为，农业可持续发展是一种把产量、质量、效益与环境综合起来安排农业生产的农业发展模式，其内涵主要表现在两方面：一是不损害后代利益的前提下，实现当代人对农产品的供求平衡；二是保持资源的供需平衡和环境的良性循环。

① 西奥多·W·舒尔茨著，梁小民译．改造传统农业［M］．北京：商务印书馆，1999.

2. 农业可持续发展的战略目标

联合国粮农组织（FAO）1991年4月在荷兰召开的农业与环境会议上，讨论提出了农业可持续发展的三个战略目标：一是粮食安全目标。按国际标准粮食储备量占到粮食消费量的比例，即粮食安全系数要求达到17%～18%或更多一些，就达到了粮食安全标准。二是农村综合发展目标。主要是发展农村经济增加农村劳动力就业和农民收入，特别要努力根除贫困。三是资源环境目标。合理利用、保护、改善自然资源和生态环境，保持持续增产的农业生产率、保持持续稳定的土壤肥力，保持健康协调的生态环境和资源的永续利用等。不同的国家农业可持续发展的目标有一定的差异。对于发达国家来说，由于农业生产力水平很高，农业已经不仅是为了满足生存的需要，对农业发展的要求已经扩展到了美化环境、强调食物生产的营养和安全等领域，所以，这些国家对环境保护更加重视。对发展中国家，由于农业生产力水平有待于进一步提高，农业生产从数量上还不能完全满足人们的基本需要，对这些国家而言，其重点是追求发展的可持续。

3. 农业可持续发展的基本特征

尽管各国对农业可持续发展有不同的理解和做法，但强调农业生产的持续稳定增长，保持资源与环境的永续利用，保护生态环境等基本原则是一致的。其基本特征可归纳为以下几方面：

一是可持续性。可持续性是农业可持续发展的首要特征，布克拉希契等人把农业可持续性归纳为六点：一是环境重要性，指维持一个良好的农业生态环境和养分、水分循环；二是持续产量，指可以不断维持的产出水平；三是承载能力，指可以长期养活的最大人口数量；四是生产可获利性，即农业生产者维持再生产的能力；五是农产品的确保供给，主要是食物相对于需求的充分供给；六是平等，关注农产品的时空分配。

二是区域性。由于自然资源状况、气候条件、社会传统、经济发展水平等方面的因素，各个国家、各个地区选择的农业可持续发展的途径及模式各不相同，各有其特色和优点。例如，北美“低外部投入农业”与西欧“综合农业”为代表的可持续农业研究与实施在这两个地区占主导地位。发展中国家则针对人口迅速增加，农业生产水平低，农产品短缺，资源消耗过度，环境退化等问题，提出农业发展的首要目标是解决温饱和贫困问题，强调在增加投入、提高农产品生产能力和公平分配的前提下，加强资源和环境保护。如中国学者提出适合我国国情的“现代集约持续农业”，要求在有限的资源条件下集约投入、集约经营等。农业可持续发展的实施必须与当地的自然环境、资源状况、经济条件、技术水平等结合起来，从实际出发选择合适的发展模式和途径。

三是现代高新技术导向性。技术进步是农业发展的恒久动力。目前，生物技术、信息技术、遥感技术和核技术等一系列高科技，成为驱动农业可持续发展的强大力量。生物技术（包括基因工程、细胞工程、酶工程和发酵工程）应用于动植物育种方面，能培育出优质、高产、抗病、抗逆的优良品种，应用于动植物保护、土壤改良、农产品深层次加工等领域，能获得了良好的效益，正成为催化农业可持续发展的先导技术。信息技术（主要是计算机技术）广泛应用于作物品种资源研究，育种工作、作物栽培以及作物保护等领域，正成为促进农业可持续发展的崭新技术。遥感技术在作物估产、土壤调查、农业生态环境监测等方面的作用，以及核技术在农作物和果树虫害控制、食品保存、农药与环境、植物遗传与育种等方面的作用，均是常规技术难以替代的，它们为开发可持续农业的发展提供有力保障。

四是传统农业精华与现代技术的融合性。农业可持续发展融传统农业精华和现代先进技术于一体。持续农业从农业的持续与协调的角度出发，充分吸收现代常规农业强调农产品的数量、效益和规模以及注重应用科学技术和现代管理技术的特点，同时也吸收了自然农业在保护农业资源与环境，减少污染，降低化学品使用量等方面的优点。持续农业的关键在于选择传统农业与现代农业相结合的技术，形成可持续农业技术体系，降低单位成本，使单位投入的产出最大化，农民收益合理化，同时又保护环境的质量，实现资源持续利用。持续农业本质上是充分发挥传统农业中实现资源持续利用而不衰的技术精华，并应用系统工程方法，在对现代技术优化、组合、完善的过程中，逐渐跃变为一种具有持续性的全新农业技术体系。

2.2.5 可持续农业技术创新与农业可持续发展的关系

1. 农业技术创新与农业可持续发展

农业技术创新与农业可持续发展的关系类似于技术创

新与可持续发展的关系，只不过是二者关系在农业产业领域内的一种特殊表现而已。农业是国民经济的基础，农业生产是直接接触自然资源的第一性生产，因而农业的发展方式和取向对自然资源的影响作用很大。实施农业可持续发展就是减少农业生产中的不合理的技术行为，以减少农业生产对资源环境的负面影响。农业可持续发展的推动最终要依靠农业技术创新，尽管在过去许多年中传统的农业技术创新忽略了农业资源的稀缺性，造成了巨大的生态成本，但从近些年农业技术创新的突破与发展趋势来看，农业技术创新与农业可持续发展二者的协调统一是完全有可能的。这是因为：

（1）农业技术创新为农业可持续发展创造了条件。从人类开始农业生产活动以来，农业技术就是农业发展的不可缺少的支撑，世界农业由原始农业——传统农业——现代农业的发展历史已雄辩证明，农业技术创新是农业可持续发展的根本动力。农业由原始农业向传统农业转变的第一次变革中，农业工具革新、水利工程、轮作倒茬、传统良种优选、土壤改良等技术创新为之奠定了基础。进入20世纪，在工业革命浪潮冲击下，农业开始了从传统农业向现代农业转变的第二次变革。在此期间，农业技术创新不断获得突破，从根本上扭转了传统落后的农业技术体系，加快了农业良种化、化学化、机械化。在知识经济渐现端倪的今天，一切以知识和科学技术为基础，现代农业更成为高科技含量的农业，高新技术对传统农业资源的替代和高效利用，使通过技术创新来协调和解决经济发展与保护资源、环境的矛盾成为可能。历史经验表明，农业技术的每一次大的革新和突破，都使农业生产可能性曲线大大扩展（图 2－2），从而使农业资源的利用率大幅度提高，人类向农业可持续发展目标也更加接近。在意识到农业资源的稀缺性和面对满目疮痍的生态破坏，今天的人类更加速了依靠农业技术创新来实现农业可持续发展的步伐，“白色农业”技术、“海洋农业”技术以及替代农业化学技术的突破，表明了人类向可持续发展迈进的信心和决心。目前，人类已经开展了利用农业技术创新成果控制或治理生态环境污染，如开发绿色肥料、绿色农药、光解地膜等，实行农业清洁生产，利用生态农业技术治理水土流失。不断的成功经验说明，现代农业技术创新为人类实现农业可持续发展创造了条件。

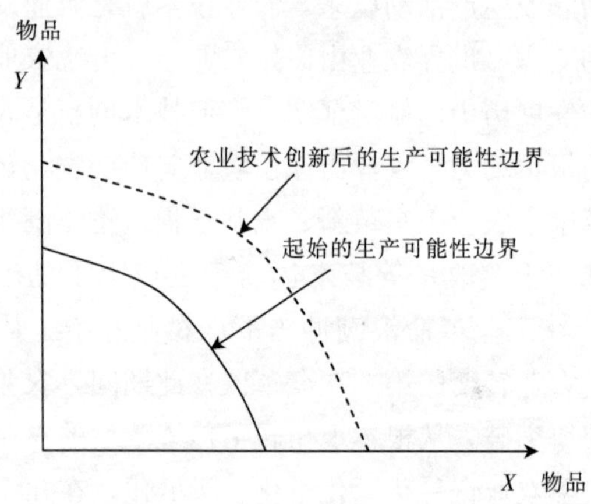

图 2－2 农业生产可能性曲线变化

注：此图说明，技术创新后，等量的资源投入，可以获得比原技术水平多得多的产出。

（2）农业可持续发展逐渐为农业技术创新限定了方

向。农业技术创新从技术本质而言是中性的，它对人类经济社会的发展效应取决于人们的技术原则和应用手段。传统的农业技术创新着眼于农业经济增长，其技术原则和组织原则是线性的和非循环的，其技术应用手段以粗放型利用资源为主，这种强调经济效益的短视行为使建立在其基础上的旧式技术创新忽略了自然资源的稀缺性所造成的生态成本，而只是一味追求其经济成本的最小化和其利润的最大化。事实证明，在这种情况下，农业技术创新在带给人类农业经济增长、经济生活改善等正面效应的同时，也带给人类农业生态环境污染、水土流失、资源浪费和短缺等负面效应。正面效应明显而速效，负面效应则呈现出一种隐态和相对延迟。农业可持续发展是人类基于农业技术负面效应所产生的对环境的反思，促使人类开始考虑农业技术创新的可持续性问题，即一项农业技术，不但注重其经济可行性，而且要充分考虑其生态合理程度，把农业技术对生态环境系统的胁迫和损害降低到最低程度。近年来世界各国都在实践中探索可持续农业技术，如荷兰和中国台湾的精久农业技术、日本的环境保全型可持续农业技术、德国的综合型可持续农业技术等。各国的实践表明，积极引导和限定农业技术创新的方向，使其向符合农业可持续发展的方向转化和服务，是人类正在着手进行的一项有益于自身的工作。一些诸如生物农药、无污染施肥、设施农业技术的成功应用表明，农业技术创新与农业可持续发展的协调统一是可能的，也是可行的，具有生态合理性的农业技术创新能够为农业可持续发展提供强大的技术支撑和驱动。

2. 农业技术创新与可持续发展的整合——可持续农业技术创新

上述分析可知，农业可持续发展与农业技术创新有对立与矛盾的一面，也有协调统一的一面。从本质而言，农业可持续发展并不否定农业经济增长，并不否定农业技术创新，而是要求人类去重新审视和改进农业技术创新对农业经济增长的推动与实现方式。农业技术创新能够为农业可持续发展提供强大的技术支撑并为其实现创造条件，农业可持续发展为农业技术创新限定方向并引导其走向可持续发展轨道。二者的关系使一种新的农业技术创新模式的产生成为必然。即本书中称之为可持续农业技术创新。它实际上是对农业技术创新和农业可持续发展进行“整合”(intergration)，将可持续发展思想和理念纳入到技术创新的立项、过程管理及应用、扩散之中，引导并约束技术创新的方向，同时发挥技术创新对可持续发展渗入性、黏合性和调控性，使其为农业可持续发展提供支撑和动力，从而使农业技术创新与农业可持续发展相互融合、相互完善、相互协调，实现二者的一体化，为技术—经济—社会系统的协调发展奠定基础。可持续农业技术创新是一个构建在农业可持续框架下的技术创新概念，因而它的内容和特性必然与农业可持续发展内涵相容，即表现在与生态、经济和社会三个领域的关系协调方面：

（1）可持续农业技术创新与农业生态系统的可持续性相协调。可持续农业技术创新不仅不能破坏农业生态环境，而且必须维持和保护农业自然资源和生态环境，实现资源消耗最小化和环境污染最小化。

（2）可持续农业技术创新与农业生产和经济可持续性相协调。可持续农业技术创新应着重关注农户经营的长久利益，着眼于技术的生产率与产量，确保其在技术性能上能够达到技术采用者的产出要求，满足其最优化的生产需求目标，并获得足够的经济收益。

（3）可持续农业技术创新与社会持续性相协调。可持续农业技术创新应有助于推动社会的发展和进步，满足人类社会发展的基本物质需求，尤其是食物安全问题。

可持续农业技术创新作为一种新型技术创新模式，只有实现与经济、社会和生态领域的可持续性协调关系，才可能真正达到农业技术创新与农业可持续发展整合的目的，才有可能真正促进农业系统的生态与经济的良性循环。因而，可持续农业技术创新是农业可持续发展的必要条件，没有可持续农业技术创新就不可能有农业的可持续发展。换句话说，可持续农业技术创新在农业可持续发展战略中具有核心地位。

3. 可持续农业技术创新——农业可持续发展的必然选择

农业技术创新是推动农业经济增长的主要动力。改革开放30年多年来，我国农业快速发展，农业生产水平已处于领先水平。现代农业技术的广泛使用，如：农药、化肥、农膜等的广泛使用是我国农业不断发展的根本动力。但是，随着这些技术的不断推广应用，对生态环境所造成的负面影响日益凸显。农业生态环境恶化、环境污染严重、资源利用率下降，生产成本日益增高，边际产出率降低等已成为制约我国农业可持续发展的主要因素。

可持续发展思潮的兴起，使我们认识到，突破制约农业可持续发展的障碍因素，加快推进农业发展的根本出路是走可持续农业之路，而农业技术创新是实现农业可持续发展的关键推动力。要实现农业可持续发展，必然要依赖于农业技术创新领域的变革，而农业技术创新领域的变革关键要解决技术创新中生态与经济功能的双向协调问题，即：要求经过创新产生的农业技术成果既能够促进农业资源和环境的高效开发利用，又能有效避免对资源和环境的技术负效应，具有保护资源和环境的作用，形成一种能够有效维持土地资源、水资源、动植物遗传基因资源，不造成环境退化、技术上应用适当、经济上能生存下去以及社会能普遍接受的农业技术创新，即实现由传统农业技术创新向可持续农业技术创新的转变。在新的经济环境下，向超前型、创新型、质量型和安全型方向转移的可持续农业技术创新是缓解资源、环境和经济矛盾，促进农业持续、稳定、快速发展的必然选择。①

4. 可持续农业技术创新对农业可持续发展的作用

可持续农业技术创新对于农业可持续发展具有强大的支持和支撑作用，其作用主要表现在②：

（1）可持续农业技术创新为合理利用资源提供了有效途径，表现在两方面：一是通过可持续农业技术创新，可以不断地获得可替代资源，为突破现有资源的限制带来了新途径；二是依靠可持续农业技术创新可以提高资源的利

① 肖焰恒．可持续农业技术创新理论与应用分析［D］．成都：西南农业大学，2000年。

② 肖焰恒．可持续农业技术创新理论的构建［J］．中国人口·资源与环境，2003（1）：108。

用效率，使农业发展由粗放型向集约型、低消耗、低投入的可持续农业转换。

（2）可持续农业技术创新为保护环境提供有效手段，可持续农业技术创新所形成的生态农业、集约农业、高效农业、高技术农业等，可以实现低耗、少污染、无公害的目的，降低和控制技术的生态破坏力。

（3）可持续农业技术创新使农业发展的持续能力增强，可持续农业技术创新所形成的一系列新的农业经济增长点（如环保农业、设施农业、工厂化农业、信息农业、蓝色农业、白色微生物农业等），均可以从质量和效率两个方面改善农业状况。一方面，可持续农业技术创新提高了农业经济增长的效率，即提高了生产要素的产出率；另一方面，提高了农业的质量，使资源配置、产业技术构成和经济结构得到优化。

（4）可持续农业技术创新推动社会可持续发展。可持续农业技术创新不但为人类提供了大量先进的、高质量的物质产品，而且为人类生存提供了一个美好的、可持续的居住和生活环境。

（5）可持续农业技术创新促进了科技与生态、经济、社会的融合与互动。可持续农业技术创新改进了科学技术自身的结构和功能，使作为第一生产力的科学技术整体功能在经济、社会和生态等多个维度上都表现出来，从而不断推进农业的全面可持续发展。

第三章　兵团农业技术创新历程及绩效评价

兵团是党政军企合一的特殊社会组织，农业是兵团经济的基础产业，兵团农牧团场是农业生产的主要载体和实践者。改革开放以来，兵团农业快速发展，在全国处于领先地位。从根本上讲，农业技术创新是推动兵团农业快速发展的根本动力。因此，考察兵团农业技术创新历程及绩效，总结兵团农业技术创新的经验与启示，找出农业技术创新存在的问题对研究兵团可持续农业技术创新具有重要的意义。

3.1　兵团农业基本经营制度及农业生产特点

3.1.1　兵团经济社会基本情况

兵团于 1954 年组建，是党、政、军、企合一的特殊社会组织，是在自己所辖的垦区内，依照国家和新疆维吾尔自治区的法律、法规，自行管理内部的行政、司法事务，在国家实行计划单列的特殊社会组织。兵团受中央政府和新疆维吾尔自治区人民政府双重领导，承担着发展社会经济和国家赋予的屯垦戍边的职责。兵团现有 14 个师，174 个农牧团场，4 391 个工业、建筑、运输、商业企业，有健全的科研、教育、文化、卫生、体育、金融、保险等社会事业和司法机构，总人口 245.36 万人，在岗职工 93.3 万人。

2008 年兵团实现生产总值 523.3 亿元，按可比价格计算，比上年增长 12.5%。其中，第一产业增加值 182.32 亿元，增长 9.1%；第二产业增加值 166.09 亿元，增长 18.7%；第三产业增加值 174.89 亿元，增长 11.0%。三次产业对经济增长的贡献率分别为 26.7%、42.5%和 30.8%。三次产业结构由上年的 37：29：34 调整为 35：32：33。人均生产总值 20 291 元，比上年增长 12.6%[①]。

3.1.2　兵团农业基本经营制度及农业生产特点

1. 兵团农业发展概况

兵团现有 14 个师，174 个农牧团场，土地总面积 7 457.32千公顷，是兵团农业发展的基础。2008 年，兵团农作物播种面积 1 068.92 千公顷，其中粮食作物播种面积 225.93 千公顷，棉花种植面积 563.17 千公顷，油料种植面积 72.00 千公顷，甜菜种植面积 24.44 千公顷。兵团是国家重要的棉花、粮食、油料、甜菜、水果、肉类生产基地。2008 年兵团实现农业总产值 385.41 亿元，棉花总产达到 131.34 万吨，亩单产 155.47 千克；粮食总产 142.33 万吨，亩单产 419.93 千克；油料总产 16.91 万

① 新疆生产建设兵团统计局．新疆生产建设兵团统计年鉴（2009）[M]．北京：中国统计出版社，2009 年。

吨，亩单产 156.6 千克；甜菜总产 158.2 万吨，亩单产 4 315.47千克；水果总产 70.94 万吨，肉类总产达到 21.95 万吨；在岗职工年平均工资收入达到 18 772 元。[①] 兵团皮棉产量占新疆的 1/2，全国的 1/6。改革开放 30 年来，兵团农业发展迅猛，在全国已处于领先水平，正朝着重点建设全国最大的节水灌溉示范基地、农业机械化推广基地和现代农业示范基地（简称“三大基地”）的农业现代化发展方向迈进。

2. 兵团农业基本经营制度及特点

团场是兵团履行屯垦戍边使命的基础和载体，团场基本经营制度本质上体现了兵团农业基本经营制度，即：以职工家庭承包经营为基础，统分结合的双层经营体制。其内涵以“土地承包经营、产权明晰到户、产品订单收购、农资集中采供”四句话可以概括。

（1）土地承包经营。即团场将国有土地按照“固定定额承包地、搞活自用地、管好经营地”的原则，实行：土地长期固定承包给职工家庭、生产自主经营、成本费用自理、负担只降不增、收益风险均沾、享受社会保障的政策。

（2）产权明晰到户。即团场对公有牲畜、农机具、大棚、果林、机井和滴灌小型水利设施等生产资料，全部作价归户明晰产权，实行职工自主经营，团场搞好服务。对职工单独买断经营确有困难的生产资料，团场采取股份制

① 新疆生产建设兵团统计局．新疆生产建设兵团统计年鉴（2009）[M]. 北京：中国统计出版社，2009 年。

或股份合作制方式进行经营。

（3）农资集中采供。即对职工确需的大宗农业生产资料，按照市场经济规律，以师为单位实行统一招标、集中采购，农资销售网点延伸到连队，实行“一票到户”，确保销售价格不高于同期同类同质产品的当地市场价。

（4）产品订单收购。即以团场为单位年初以合同的形式统一订单收购职工大宗农产品，价格采取共同协商，基本贴近市场价，利益共享、风险共担。

由上述兵团农业基本经营制度的内涵可见，其有以下特点：一是明确了团场和职工两个经营主体的地位和关系，维护两个经营主体的基本权利，能确保两个经营主体在不同环节上发挥各自的积极性和创造性；二是职工家庭经营符合世界农业发展的普遍规律，有利于促进实现农业现代化和发展农业适度规模经营；三是职工分散经营、团场提供社会化服务，体现了团场大农业和组织化程度高的集团优势；四是团场基本经营制度体现的双层经营体制特点，能适应农业现代化和农业产业化发展的要求，为加快团场实现农业现代化和发展产业化经营，提供了制度保障和动力支持。

3. 兵团农业生产的主要特点

（1）农业组织化程度高。兵团组织结构是由兵、师、团、连四级构成，具有准军事化的组织体系。在这种组织结构下，兵团农业土地实行以职工家庭承包经营为基础、统分结合的双层经营管理体制。“统”指团场对土地承包经营职工实行“统一农资采购、统一种植计划、统一机耕作业、统一灌溉管理和模式化栽培、统一产品订单收购”的管理模式（简称“五统一”模式）。“分”指承包职工在团场“五统一”的前提下，独立完成农业生产任务，自主雇佣劳动力，订单以外农产品可以自主种植、自主管理、自主销售，各项费用自理，每个承包户实行独立核算，自负盈亏。通过“五统一”管理模式，团场能将职工在农业生产的各环节有效地组织起来，发挥整体组织效应，体现出兵团农业组织化程度高于地方农村。

（2）农业规模化水平高。兵团所属 14 个师，174 个农牧团场，是兵团农业生产的主体，农作物总播种面积 1 068.92千公顷，平均每个团场播种面积 6 140 公顷，职均土地承包面积 2.53 公顷，有些团场职工自主经营的开放性农场土地承包面积在百亩，甚至千亩以上。兵团大部分团场地势平坦，农田规划整齐，土地集中连片，路、林、渠相配套，在“五统一”管理模式下，实现了作物布局的统一，灌溉及栽培模式的统一，为大面积机械化作业提供了条件，体现了兵团农业规模化水平高于地方农村的优势。

（3）农业集约化程度高。兵团农业集约化程度高主要体现在三个方面：一是单位面积上的生产资料和劳动力投入高。“五统一”管理模式中“统一模式化栽培、统一农资采供、统一机耕作业”决定了生产资料和劳动力是按不同作物的需求标准投放的，投放科学合理。二是新技术采用相当广泛。在“五统一”管理模式下，六大精准农业技术（指精准种子、精准播种、精准灌溉、精准施肥、精准收获、精准田间生态监控）已广泛应用，基本实现了精耕细作的农业经营方式。三是单位面积农作物产量较高。兵团主要农作物粮食、棉花、油料、甜菜亩产分别由1978年的125千克，31千克，27千克，648千克，提高到2008年的420千克，155千克，157千克，4 315千克，分别增长3.4倍、5.0倍、5.8倍和6.7倍，居全国领先水平。

（4）农业机械化装备水平高。兵团现有农业机械总动力249万千瓦，拖拉机5.55万台，其中大中型拖拉机2.12万台，配套农具5.75万台（架），农机具配套比1∶2.9，联合收割机1 209台、采棉机234台、农用运输车1.33万辆、农用飞机33架、农用排灌动力机械2.07万台约45.59万千瓦。农机固定资产37亿元，农业机械新度系数为0.80。主要农作物的耕整地、播种、中耕、灌溉、植保、运输等主要生产环节已实现机械化，机械化耕作、播种、收获水平达到99%、98%、40%，种植业综合机械化程度达到85%，基本形成了兵团特色的机械化大农业生产体系，农业机械化水平居全国领先地位①。

（5）农业科技应用水平高。“十五”期末，兵团农业科技贡献率已达51%，超过全国平均水平3个百分点②。已初步形成了以农业“十大主体”技术、六大精准农业技术、高密度高产栽培技术模式为主推技术的先进农业科学技术体系，并且在农业生产中广泛应用，技术覆盖面和到

① 齐晓辉等．新疆生产建设兵团可持续农业技术变迁的对策研究[J]．中国科技论坛，2009（7）：123-124。

② 中广网．华士飞：发挥集约化优势 建设三大农业基地［EB/OL］．(2008-03-13)．［2009-03-19］．http：//www.cnr.cn/xjfw/btfw。

位率高。据兵团农业局资料显示①，2008 年兵团农作物精量半精量播种面积 789.68 千公顷，占总播面积 76.2%，其中棉花精量半精量播种面积 520.33 千公顷，实施种衣剂面积 813.45 千公顷，占总播面积 78.2%，高密度栽培面积 511.05 千公顷，测土配方施肥面积 386.33 千公顷，高新节水灌溉面积 613.33 千公顷。畜牧业十项主体技术广泛推广应用，猪、牛、羊等良种化程度分别达到 98%、50%和 65%。兵团平均每万人中农业科技人员 51 名，平均每万亩耕地有农业科技人员 8 名，处于全国领先水平。

3.2 兵团农业技术创新历程及主要特征

3.2.1 兵团农业技术创新历程

兵团自成立以来，在党中央国务院的亲切关怀下，在自治区党委和兵团党委的直接领导下，从 1950 至 2008 年，兵团农业为适应屯垦戍边的需要产生并逐步发展壮大起来。实践证明，兵团农业技术创新是农业不断发展的根本动力，兵团农业发展史在某种程度上就是一部农业技术不断创新的历史。纵观兵团农业发展历程，农业技术创新实现了五次较大的变迁，每次技术变迁都大大提高了农业生产力水平，提高了职工群众收入，壮大了团场经济实力，增强了兵团屯垦戍边能力。

1. 初创时期（1950—1959 年）

20 世纪 50 年代初期，为适应开荒造田建立农场的需

① 新华网．刘宏朋：新疆兵团农业精准技术渐成生产“主角”．(2008－11－01)．http://www.xinhuanet.com/。

要，兵团农业以发展农业机械化和引进、选育优良农、畜品种为主要方向，引进和推广了一批苏联的农机具和农畜良种。1951 年起兵团开始建立一批农业机械化示范农场、农业试验场以及作物栽培、品种试验点，开辟了新疆玛纳斯河流域植棉新区，首创北疆高纬度地区棉花大面积丰产纪录，改写了北疆不能种植棉花的历史。利用引进的优良种畜进行纯种繁育和对本地原始品种开展杂交改良。这一时期的主要特征是对新技术、新装备、新品种和优良种畜的引进、试验、应用，开展了群众性的科技活动。

2. 加快发展时期（1960—1966 年）

1960 年 2 月 3 日，兵团党委批准成立兵团科学技术委员会，接着各农业师相继成立科委，健全了兵团、师两级畜牧兽医工作站，其他农业试验站、点也有较大发展。随后，组建了兵团农业科学研究所，各师相继成立了农科所，兵团的科研和管理机构逐步健全。到 1963 年，全兵团有农业研究所 14 个，水土改良站经调整后为 10 个，农业试验场（站）26 个、气象站 34 个。兵团的科研和管理机构成立后，相继开展专业与群众相结合，以专业研究为主的科学实验活动。这一时期的基本特征是建立起较为完备的科研体系，较广泛地开展了多学科的科研活动，开始进入出成果、出人才的新阶段。种植业方面开展棉田航空综合作业试验；选育一批农作物新品种，首次承担国家科委和有关部委共同下达的两项重大科研项目，即棉田机械系列化试点和新疆内陆盐碱地改良科研项目；试制成功天山牌拖拉机、自动装肥机、渠道割草机、联合整地机等农机具。畜牧业方面通过杂交改良和纯种繁育，以及饲养管理，各类牲畜数量和生产性能大幅提高。1965 年，各类牲畜存栏头数 210 万头（只），比 1959 年增长 3.9 倍，肉类增长 6.2 倍，牛奶增长 24.26 倍，羊毛增长 7.85 倍。牲畜生长速度和活力加快，据 1966 年测定，猪的生猪速度比原来提高 1 倍，奶牛产奶量提高 2.5 倍，羊毛单产提高 1 倍以上。紫泥泉种羊场完成对粗毛羊的根本改造，纯繁了一大批新疆细毛羊、阿勒泰羊，开始培育细毛羊新品系，羊只实现了同质化，生产性能具全国领先水平。① 园艺业方面主要处于新品种引进、示范阶段。

3. 受挫折时期（1967—1981 年）

“文化大革命”期间和兵团体制的撤销，使兵团科技事业遭受严重挫折。绝大多数科研机构、高等院校处于瘫痪状态或被撤销，仪器设备遭毁坏，科技资料丢失，大批科研人员下放连队劳动。在极其困难的条件下，身处生产第一线的兵团广大科技人员仍然顶住压力坚持开展科研，40 多个新品种相继育成，并取得一定的科研成效。这一时期的基本特征是科研机构瘫痪、科研人员被大批下放，在逆境中科研活动仍未全部终止。农作物育种方面，选育出 40 多个新品种，其中有玉米品种“军双一号”、长绒棉品种“军海一号”、甜菜品种“石甜一号”、水稻品系“野败粳稻”杂优组合；畜牧方面，育成兵团第一个细毛羊品种——“军垦细毛羊”、新疆褐牛、伊犁挽马、新疆白猪、新疆黑猪等新疆特色品种，参与了中国黑白花奶牛品种选

---

① 新疆生产建设兵团科技局．新疆生产建设兵团科技志［M］．乌鲁木齐：新疆人民出版社，2007。

育工作；农机方面，引进和研制了平地机、挖渠机、双悬臂喷灌机等农业机具。园艺业方面，主要是根据生产发展和人民生活需要，因地制宜地开展了苹果、葡萄、西（甜）瓜、蔬菜高产栽培技术、新品种引进选育、果品加工、贮藏保鲜的试验研究，取得了一批兵团及自治区科技成果奖。

4. 恢复期（1982—2005 年）

兵团党委于 1991 年 10 月作出《关于科技振兴兵团的决定》。1996 年，国家科委同意兵团科委实行计划单列体制。“十五”期间，在国家西部大开发战略带动下，全面落实“科教兴兵团”战略，确立了“创新、产业化和能力建设”的指导方针，集中力量攻克了兵团经济建设和社会发展中的一批重大关键技术，加速了科技成果转化和产业化进程，为促进兵团经济建设和社会发展做出了突出贡献。这一时期的基本特征是科研和科技管理机构恢复后得到充实和提高，科技兴农、科教兴国战略引导兵团科研工作，科技工作进入一个较快发展期。

这一时期种植业发生了以下四次科技飞跃：

第一次科技飞跃——地膜覆盖栽培技术（1980—1986 年）。主要以推广地膜覆盖栽培技术为主要内容的“白色革命”。1980 年，石河子农科所、一二二团、下野地良种繁育场进行了小面积地膜覆盖栽培棉花试验成功后，得到了王震同志的高度重视，并要求积极推广地膜植棉面积。1981 年春天，地膜覆盖栽培向植棉垦区推广，1986 年地膜覆盖植棉栽培技术已普及到兵团南、北疆垦区，植棉面积达到 89.00 千公顷，占当年棉花播种面积的 72.2%。

此后，兵团棉花单产不断提升，由1985年的50.13千克/亩，提高到2008年的155.00千克/亩。地膜覆盖植棉技术的推广，带动了农业机械研制水平的发展。1981—1983年，兵团农机工作者研制出既能开沟、起垄和铺膜，又能点种、覆土、施肥的铺膜播种机，改变了人工铺膜点种的局面，劳动生产率不断提高。1982—1988年，全兵团地膜播种机和机铺膜播种面分别由875台和25.40千公顷，提高到1 757台和103.90千公顷①。而后，地膜覆盖植棉技术又不断发展，由窄膜变成宽膜，又由宽膜发展到超宽膜，直到现在发展到“双膜覆盖”。

第二次科技飞跃——“五个一”培肥工程（1987—1993年）。从1986至1993年，为了提高兵团土壤肥力，兵团每年召开农业改土培肥现场会。1989年，农三师副师长在兵团农业改土培肥现场会上介绍了“五肥齐抓”（五肥指厩肥、绿肥、油渣、秸秆、化肥）培肥地力的经验，后来兵团把“五肥齐抓”发展为改土培肥的“五个一工程”模式，“五个一工程”模式的推广，极大地促进了兵团的改土培肥工作。据兵团农业部门统计，兵团有机培肥面积从1991年的710.70千公顷（占当年播种面积的88.3%，达到“五个一”培肥标准的面积72.10千公顷）扩大到2001年的873.30千公顷（达到“五个一”标准的260.40千公顷）②。

---

① 胡兆璋．回顾兵团农业的五次科技飞跃［J］．新疆农垦科技，2009(1)：3。

② 胡兆璋．回顾兵团农业的五次科技飞跃［J］．新疆农垦科技，2009(1)：3-4。

第三次科技飞跃——种植业“十大”主体技术（1994—1998年）。1995年，兵团提出种植业“十大”主体技术（即良种良法、模式化栽培、地膜覆盖、节水灌溉、改土培肥、综合植保、化肥深施、标准化条田建设、土壤深松和人工影响天气）。种植业“十大”主体技术的提出和广泛推广，大大提高了种植业农业科技的集成度。

第四次科技飞跃——精准农业六项技术、高密度优质高产栽培模式（1999—2004年）。这是由主管农业的胡兆章副司令提出的。精准农业六项技术包括：精准灌溉、精准施肥、精准种子工程、精准播种、精准收获、精准监测。2004年兵团精准农业六项核心技术的推广应用获得突破：棉花节水面积、测土平衡施肥面积、棉花种子包衣推广面积、精量半精量播种面积和机采棉面积分别达到404.7千公顷（其中膜下滴灌面积达到260.70千公顷）、187.70千公顷、434.30千公顷（优良种子率达95%以上）、442.90千公顷（其中一穴播一粒种子——精量播种面积达到12.30千公顷）和25.30千公顷；田间作物自动测水、滴灌系统自动化控制、棉铃虫自动化监测系统、GIS、GPS技术开始示范、“视频农业技术”推广到4.7千公顷①。棉花高密度优质高产栽培模式是兵团棉花种植技术的重大突破，对提高棉花质量、单产和经济效益具有重要的意义。2000—2001年兵团棉花高密度优质高产栽培的棉田从94.60千公顷扩大到330.30千公顷（占当时

① 胡兆璋．回顾兵团农业的五次科技飞跃［J］．新疆农垦科技，2009(1)：4.

兵团棉花总播面积的75.5%），棉花单产达到了121.40千克/亩。随后，这项技术很快在西红柿、辣椒、特色林果业上也获得成功。

这一时期获得兵团以上科技奖项的主要技术成果有：膜下滴灌技术、节水新装备新产品开发、棉花机械化收获综合配套技术研究与示范、棉花精量铺膜播种机的研究推广、测土施肥技术试验研究与推广、大面积推广复播绿肥丰产配套栽培技术、棉花优质高效及地膜回收技术推广、棉花良种及高产配套栽培技术、陆地棉“新陆早一号”选育等。

畜牧业、园艺业也实现了技术突破：

这一时期，畜牧业、园艺业也提出了“十大”主体技术。畜牧业“十大主体技术”是指畜禽良种化技术、高效繁殖综合技术、幼畜培育育肥技术、畜禽集约化生产技术、畜禽冷季舍饲生产技术、饲草高产栽培与加工利用技术、草原利用与保护技术、饲料安全生产技术、无公害畜产品生产技术、兽医保健及动物疫病防治技术。园艺业“十大主体技术”是指优良种苗标准化繁育技术、设施园艺与配套工程技术、节水灌溉技术、有机肥为主的配方施肥技术、整形修剪技术、花果管理技术、化学调控技术、有害生物综合防治技术、绿色食品生产技术、保鲜包装储运技术。

这一时期畜牧业获得兵团以上科技奖项的主要技术成果有：中国美利奴羊新品种选育、绵羊精液冷冻技术研究与推广、新疆羔皮羊培育等。园艺业方面有：葡萄高产栽培技术、葡萄制干技术研究、抗寒苹果新品系选育、苹果矮化栽培技术、“新优 2 号”西瓜选育。

5. 加速发展时期（2006 年以后）

2007 年兵团科技大会上，兵团党委把自主创新、建设创新型兵团作为兵团发展战略的核心，提出了增强自主创新能力，建设创新型兵团宏伟目标。以新疆农垦科学院、石河子大学、塔里木大学为主体的知识创新体系，以天业集团等大中型企业为主体的产学研结合技术创新体系，由技术市场办、生产力促进中心、各类技术推广站（中心）组成的科技中介服务体系和由各级科技管理机构组成的管理体系进一步完善，创新能力明显增强。科技投入大幅度增加，科技基础条件不断改善，科技创新人才培养力度加大，科技创新能力大大增强，创新环境越来越好。农业领域的科技攻关，取得了一大批科技成果并得到转化应用，科技支撑、引领兵团经济社会又好又快发展的作用更加显现。

种植业方面：一是通过兵团自育优良杂交棉品种，实现棉花杂交一代种子进大田，整体提升兵团农作物的质量、单产和效益。2008 年全兵团推广杂交棉 F1 代进大田面积达到 71.30 千公顷，杂交棉平均单产为 175.74 千克/亩。二是加大工厂化育苗机械化移栽技术推广，2008 年全兵团棉花育苗移栽面积达到 10 千公顷，西红柿、辣椒育苗移栽在农二师等单位获得成功，育苗移栽的西红柿和板椒最高单产分别达到 14 吨/亩和 1 吨/亩。这一时期，杂交棉强优组合选育与产业化技术集成示范项目、北疆“一年两熟”关键技术研究与示范项目、膜下滴灌栽培水稻示范项目、棉花大面积机械采收推广项目都取得重大进展。

畜牧业方面：主要以加快推广畜牧业“十大主体技术”为主要方向；中国美利奴肉用羊、超细毛、多胎肉用羊新品系的培育工作取得重大进展；奶牛高效繁殖技术运用得到重大突破，农八师石河子市在奶牛胚胎移植、性控胚胎使用推广、奶牛品种改良等方面走在兵团前列。奶牛集约化高效养殖技术集成与示范项目、奶牛性控冻精推广项目取得突破。

园艺业方面：以果树和加工番茄丰产攻关为抓手，重点推广了以矮化密植丰产栽培为核心的“十大主体技术”。苹果、红枣高产栽培试验与示范项目取得突破。

3.2.2 兵团农业技术创新的主要特征

农业技术创新反映出农业增长和农业结构调整的历史轨迹。考察兵团农业技术创新历程，可以看出，主要有以下特点：

（1）以提高土地生产率和劳动生产率为主的精准农业技术体系逐步形成，在全国处于领先水平。主要体现在：农业“十大主体技术”和精准农业六项技术在农作物生产中得到广泛推广运用，对农作物增产效果明显；地膜覆盖高产技术等在提高农产品产量方面发挥了重要作用；主要农作物高产栽培技术水平不断提高，农作物单产持续提高；高产作物品种培育及杂交育种、育苗移栽技术进展较快，农作物持续增长潜力很大。

（2）化学技术进步得到快速发展，机械技术进步已处于全国领先水平。主要体现在农业生产中化肥、农药、地膜等的使用不断增加，替代了在传统农业阶段占主体的有机肥、绿肥和秸秆等生物化学技术。化肥在农业增产中的贡献份额达到35%～40%。受兵团农业生产管理体制和职工土地经营规模较大的有利影响，机械技术在兵团广泛应用，已经处于全国领先水平。据资料显示，目前兵团机耕率为99%，机播率98%，机收率40%，农业综合机械化水平已经达到85 %。①

（3）农业技术创新主要集中在产中领域，产前和产后加工增值技术发展不足。在兵团特殊的建制原因和当时的特殊环境条件下，导致农业科技投入的70%～90%集中在“产中技术”，农业技术成果主要集中在农产品的生产领域，绝大部分属于高产品种、种植业综合技术和养殖业技术等，而用于农产品贮藏、加工、保鲜、包装、深加工等方面的技术成果较少。

（4）农业技术进步贡献率不断提高，但农业内部不同产业之间差异比较明显。主要是由于农业技术资源受效益优先原则的驱动，向效益高的产业流动的原因所致。根据有关资料显示，“十五”末，兵团农业科技进步贡献率提高到51%，但各产业部门有较大差异，种植业（主要是棉花）较高，其次是畜牧业和园艺业。

（5）区域农业技术创新存在差异，技术发展的均衡性较差，导致农业结构的区域发展程度明显不同。在北疆农六师、七师、八师，由于受政府政策倾斜，区位、人才及

① 引自《新疆生产建设兵团关于全面推进农业机械化发展的意见》，2006年2月14日。

经济技术等优势效应，使得农业技术发展速度快，农业结构的调整力度较大。而欠发达边远师，如农四师、五师、九师、十师、十四师等，由于受区位限制、政策约束和团场经济技术基础差等因素的制约，农业技术发展相对缓慢，对农业结构的影响效应远不及北疆，农业结构变化也较缓慢。

（6）农业技术创新的动力机制已经形成，发挥了积极的作用，产生了较好的效果。一是加快实现兵团农业现代化，增强兵团屯垦戍边能力，成为农业技术创新的出发点和落脚点。二是兵团党委、兵团领导高度重视，亲自挂帅，兵师团机关、科研院所及大专院校的科技人员齐心协力，形成了促进农业技术创新的合力。三是农牧团场广大干部职工能积极投身于农业科技发展中。四是农业每次技术创新，都取得了较好的经济和社会效益（表 3-1）。五是兵团农业技术创新过程，为兵团培养了一支能攻关、能创新的人才队伍。

表 3-1　兵团依靠科技进步获得的成果

年份	农业生产总值（万元）	棉花		粮食		油料		甜菜		水果	肉类
		总产（万吨）	单产（千克）	总产（万吨）	单产（千克）	总产（万吨）	单产（千克）	总产（万吨）	单产（千克）	总产（万吨）	总产（万吨）
1980 年	4.38	3.48	35.64	92.26	141.19	4.05	38.63	30.01	1 104.7	2.55	2.94
2008 年	182.32	131.33	155.47	142.33	419.93	16.91	156.6	158.2	4 315.47	70.94	21.95
增加（%）	4 162.6	3 774.1	436.2	154.3	297.4	417.5	405.4	527.2	390.6	2 781.9	746.5

资料来源：根据《新疆生产建设兵团统计年鉴》（1980—2009 年）整理所得。

3.3　兵团农业技术创新的绩效与启示

3.3.1　兵团农业技术创新绩效概述

改革开放以来，兵团始终坚持确立把科学技术放在优先发展的战略地位，树立科技进步和创新是推动农业经济发展的强大动力的思想，积极推进农业科技进步和创新，科技综合实力和创新能力明显提升，主要表现在：

1. 农业技术进步贡献率不断提高

改革开放以来，兵团坚持把科学技术放在优先发展的战略地位，在科技部等国家有关部门的大力支持下，大力实施“科教兴兵团”和“人才强兵团”战略，积极推进科技进步和创新，科技综合实力和创新能力明显提升，对经济社会发展的支撑和带动作用显著增强。据石河子大学经济研究院测算，兵团农业科技进步对农业经济增长的贡献率在不断提高：1956—1970年兵团农业科技进步年均贡献率为10.49%，1971—1990年科技进步年均贡献率上升到32.49%，1991—2000年科技进步年均贡献率进一步上升到41.33%，进入“十五”时期以后，2001—2008年科技进步年均贡献率已突破50%，达到56.71%。整体上看，1956—2008年兵团农业科技进步年均贡献率为35.02%（图3-1）。“十五”末，兵团农业科技总体水平达到较高的层次（表3-2）。

2. 农业技术创新体系趋于完善

2008年末，兵团已拥有科学研究及技术研发机构17

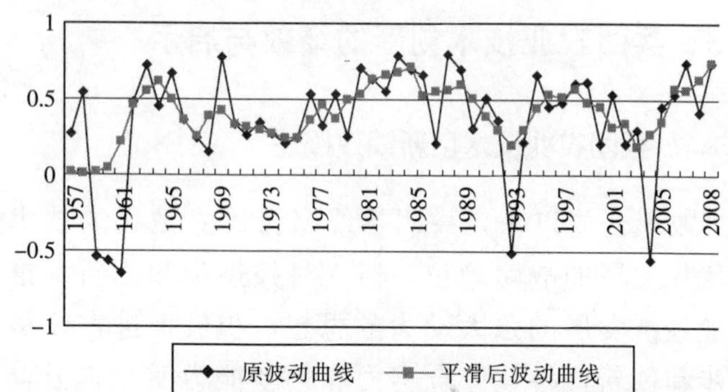

图 3-1　1957—2008 年兵团农业科技进步对农业增长的贡献率变化趋势

表 3-2　"十五"末兵团农业技术总体水平

项　　目	指　　标
技术进步对农业增长的贡献率	51%
农业劳动生产率	每个劳动力年生产粮食 2 959 千克、肉类 45.6 千克；每个劳动力养活 2～3 人
粮食单位面积产量	每亩 419.9 千克
农作物良种覆盖率	95%
化肥当年利用率	45%～50%
高新节水灌溉率	57.40%
农业机械化程度	机械、机播、机收水平达到 99%、98%、40%，综合机械化程度 85%
畜禽良种覆盖率	猪、牛、羊分别达到 98%、50%、65%
猪牛出栏率	猪 88% 牛 11%
饲料转化率（料肉比）	猪 2.8∶1；肉鸡 2∶1；蛋鸡 2.9∶1
畜禽死亡率	猪 8%；牛 5%；鸡 15%～20%

资料来源：根据兵团内部相关资料整理所得。

个，各类专业技术人员 12.5 万人，从事科技活动人员总数 8 715 人。兵、师、团农机推广机构 106 个，其中兵团级 1 个，师级农业技术推广站 12 个，团级农业技术推广站 93 个，三级农业技术推广服务人员约 890 人。兵团有农业大专院校 3 所，农业中等专业学校 34 所。兵团平均每万人中农业科技人员 51 名，平均每万亩耕地有农业科技人员 8 名，处于全国领先水平。科技人才中，高学历人才增长较快，具有博士学历的人员，从无到有，实现超常规发展，仅石河子大学自有博士加引进的具有博士学位的长江学者、绿洲学者等已达 110 多人，为技术创新提供了智力支撑，已初步形成了以“两校一院”（石河子大学、塔里木大学和新疆农垦科学院）为主体，兵、师、团为辅的具有较强研究、开发、应用、推广能力的科技队伍。

3. 农业综合生产能力显著提高

由于农业技术创新的重点突破，使兵团农业综合生产能力显著提高。2008 年兵团棉花总产达到 131.33 万吨，粮食总产 142.33 万吨，油料总产 16.91 万吨，甜菜总产 158.2 万吨，水果总产 70.94 万吨，肉类总产达到 21.95 万吨；主要农作物粮食、棉花、油料、甜菜亩产分别由 1978 年的 125 千克，31 千克，27 千克，648 千克，提高到 2008 年的 420 千克，155 千克，157 千克，4 315 千克，分别增长 3.4 倍、5.0 倍、5.8 倍和 6.7 倍，具全国领先水平。2008 年，兵团主要农产品人均产量：粮食 552 千克、超过全国平均水平的 38.3%，棉花 509 千克、超过全国平均水平的 8 829.8%，油料 66 千克、超过全国平均水平的196.0%，肉类85千克，超过全国平均水平的54.5%。2008年兵团主要农产品在全国的位次为：棉花总量居第2位，甜菜总量居第7位；人均棉花产量居第1位，甜菜居第2位，油料居第4位，粮食居7位（表3-3）。兵团农业的持续快速发展，为全国及新疆农业做出了重要贡献。

表3-3 2008年兵团主要农产品产量在全国的位次

项　目	粮食	棉花	油料	甜菜	水果	肉类
兵团主要农产品总产量（万吨）	142.33	131.33	16.91	158.2	70.94	21.95
兵团主要农产品总量占全国的份额（%）	0.3	17.5	0.6	1.2	0.4	0.3
兵团主要农产品总量占新疆的份额（%）	15.7	43.6	29.7	36	15.7	19.1
兵团主要农产品总量在全国的位次	28	2	26	7	—	—
兵团主要农产品人均产量（千克）	552	509	66	613	275	85
兵团主要农产品人均产量在全国的位次	7	1	4	2	—	—

资料来源：根据《新疆生产建设兵团统计年鉴》（2009年）有关数据整理。

4. 农业技术创新领先优势明显增强

兵团针对经济建设和社会发展中的一批重大关键技术问题，积极组织科技攻关，取得了精准农业技术体系建立与大面积应用、膜下滴灌技术及相配套的节水新装备新产品开发、棉花机械化收获综合配套技术研究与示范、棉花精量铺膜播种机的研究推广和中国美利奴（新疆军垦型）细毛羊选育等为标志的一大批重大农业科技成果。近五年来，兵团共取得科技成果902项，其中达到国际先进水平的5项，国内领先的59项，国内先进的114项，获国家授权专利534件，获兵团级以上科技进步奖259项

（次）。《干旱区棉花膜下滴灌综合配套技术研究与示范》和《中国美利奴肉用、超细毛、多胎肉用新品系的培育》项目分别获得2004年和2007年度国家科技进步二等奖。“十五”期间，兵团科技进步对农业的贡献率达到51%。[①]

5. 农业技术创新投入稳定增长

兵团农业技术创新的主要经费来源于科技三项费用。科技三项费是指新产品试制费、中间试验费和重大科技项目补助费。兵团科技三项费支出始于1960年，1991年以前没有统一的规定，基本以当年的课题任务而定。从1991年50万元基数起，平均每年递增15%，至2006年已递增到2 065万元，2007年兵团本级科技经费达2 644万元，较2006年增长28%，师、院校本级科技经费达5 245.94万元，同比增长31%，加上国家到位科技经费，兵团各类科技经费总额达到1.41亿元，同比增长49%[②]。兵团各类科技经费的增长，带动了农业科技投入的不断增加，为兵团农业技术创新提供了有力保证。

6. 农业技术创新基础条件明显改善，科技创新能力不断提高

“十五”期间，兵团重点实验室建设取得重大突破。新建重点实验室8个，其中科技部省部共建国家重点实验室培育基地2个，教育部省部共建国家重点实验室2个。

① 聂卫国：《认真实施科技规划纲要 坚定不移地走自主创新道路 为建设创新型兵团而努力奋斗》，2007年3月22日，在兵团科学技术大会上的讲话。

② 李国军：兵团科技创新成效显著——改革开放30年发展纪实，2008年5月6日，兵团科技局网站。

国家级工程技术研究中心 1 个，国家认定企业技术中心 2 个，国家级农业科技园区 1 个，兵团级农业科技园区 3 个。新建博士后工作站 8 个，各类中试、示范基地 12 个。被认定为自治区级高新技术企业 12 家，研制出国家级重点新产品 30 个、自治区级高新技术产品 25 个。现有万元以上科研仪器设备总值达 10 668 万元。

3.3.2 兵团农业技术创新的启示

50 多年来，兵团农业发展的实践已经充分证明，农业技术创新对兵团经济增长的作用和地位在不断增强。兵团农业的发展过程，实质上是一个依靠科技进步不断创新的过程。兵团在依靠农业技术创新促进经济增长的过程中，积累了成功的经验，这些经验将为兵团加快实现农业可持续发展和农业现代化奠定坚实的基础。

1. 兵团党委的高度重视，为农业技术创新创造了宽松的环境条件

农业技术创新能否顺利开展，并取得能促进生产力的成果，与制定的技术创新政策密切相关。而农业技术创新政策的指导思想和制定原则是由决策者对科学技术的性质、作用和规律的认识和理解决定的。兵团自成立以来，始终坚持“科学技术是第一生产力”的基本原则，牢固树立科技工作为经济建设服务的指导思想，立足兵团实际，以实现兵团农业现代化总战略为依据，制定切实可行的农业科技发展战略措施，有效保证了兵团农业技术创新健康稳定发展。

2. 高度统一的农业“集权式管理”模式，为农业技术创新奠定了基础

在兵团特殊管理体制下，农业生产管理模式基本属于“集权式管理”。即兵团各团场、连队农业种植计划、品种、技术栽培模式以及相应的农业技术研究项目几乎都是由兵团及各师通过行政命令下达的，团场、连队和农业科研院校（所）按照上级要求落实生产计划、技术路线和研究项目。这种行政管理模式在相当长的时间里有力地推动了兵团农业发展和农业技术创新，显示出其组织化程度高、创新效率高等诸多优点。

3. 选择符合兵团农业发展的科技研究（项目），为提高农业技术创新成果转化率奠定基础

加快农业技术创新和科技成果转化不但影响着兵团产业的发展，也影响着兵团科技进步对经济发展的支撑力度和兵团农业现代化的实现。兵团农业经济发展的实践已充分证明，以市场为导向，结合兵团农业生产地区域性特点，选择符合兵团农业经济发展的科技研究（项目），加快农业技术创新和科技成果转化是科学技术工作和农业经济工作的重要内容，只有这样才能切实解决兵团农业发展过程中的一些科技问题。而推进这项工作的进程，是兵团农业持续发展和实现现代化面临的重大任务。

4. 加快科技体制改革，为充分调动科研单位活力和科技人员农业技术创新的积极性和创造性创造条件

实践证明，根据市场经济规律的基本要求，结合兵团特殊体制和科研机构的具体情况，不断深化科研机构改革，为农业科技人员创造良好的内外部环境，才能使科研单位焕发生机，充满活力，调动科研单位及科技人员的积极性和创造性创造条件，使他们能在技术创新中发挥最大潜力，从而推动兵团农业技术创新成果不断涌现，促进农业快速发展。

5. 高度重视产、学、研相结合，增加科技投入，为兵团科研成果迅速转化为现实生产力提供有力保障

兵团农业技术创新实践证明，在完善的产、学、研相结合的运行机制下，只有确保稳定的科技投入，才能实现农业科技创新和科技成果的迅速转化。例如，兵团棉花高密度高产栽培模式的研究，就是一项在各级领导的重视和大量科研经费投入的情况下，横跨石河子、奎屯二个垦区和27个农牧团场参加的科研、教学、生产一条龙作业，顺利完成试验、推广的庞大农业技术创新工程，项目的完成有力地促进了兵团棉花产业的大发展。

6. 建立结构合理高效运转适合兵团体制的农业技术创新机制，为持续创新提供机制保障

兵团农业技术创新实践证明，应在以下两个方面建立结构合理高效运转适合兵团体制的农业技术创新机制：一是要加快建立有利于兵团经济体制发展，有利于兵团农业经济增长方式转变的完善的科技体制。二是新的科技体制（包括科技战略规划、科技政策法规、科技管理体制等）改革要逐渐与兵团特殊体制相适应和兵团经济体制改革相配套，这是促进兵团经济高速发展的关键所在。

3.4　兵团农业技术创新存在的主要问题

经过50多年的努力，尽管兵团农业技术创新能力得到显著提高，取得了重要成就，极大地推动了兵团农业现代化进程，但从我国新时期农业发展阶段和可持续发展的客观要求出发，兵团农业技术创新中仍存在着不相适应之处，暴露出许多问题。这些问题若不及时有效解决，必将制约兵团农业可持续发展进程。

3.4.1　农业技术创断总体水平与发达国家仍有差距

据资料显示[①]，发达国家科技在农业中的贡献率高达70%～80%，我国只有40%左右，农业科技成果转化率达70%左右，我国不足50%。虽然兵团科技在农业中的贡献率已达51%，高于全国平均水平，但农业科技成果转化率不足40%，低于全国平均水平，而这两项指标远远低于发达国家水平。有研究表明：我国农业科技研究开发的总体水平、农业生产的技术水平和农业产前领域（农业机械、农机具的研究开发与制造技术，农机具性能、质量技术水平）落后发达国家10～20年；新型化学肥料、新型农药的研制与生产技术、优异种质（贮存、筛选、创新、利用）方面，种子产业化、农田灌溉技术、设备等方面，农业主要生物技术与产业化和农业信息技术等同世界先进水平相比落后10～25年；畜、禽、草种质资源创新，

① 金丽馥．应对WTO：中国农业与科技创新［J］．经济问题，2002(10)：34。

同世界先进水平相比落后30年。兵团农业技术创新水平虽然在一些方面高于全国水平，但总体来看与发达国家差距依然很大①。

3.4.2 农业科研体制不合理，影响了农业技术创新成果供给能力

兵团农业科研体制脱胎于计划经济体制，主要以“两校一院”和各师农科所为主体。80年代以来，兵团农业科研体制的改革逐渐展开，虽然取得了初步成效，但从根本上讲还没有消除农业科研体制的弊端，影响了农业科研效率和农业技术创新成果的社会供给。主要表现在：一是按行政区设置的兵团各师农科所与农业地域性的矛盾，导致机构重叠、课题重复的矛盾依然存在。二是原有计划经济体制和兵团特殊地域下设置的各师农科所运行机制与市场经济不相适应的矛盾日显突出。条块分割、各自为政、多头管理、研究课题分散、重复、突破性成果少，科技成果转化率低等问题仍未能解决。三是充分调动农业科研人员和科研机构为推动科研发展而努力奋斗的激励机制尚未建立起来，农业科研活动的效率低的问题依然存在。四是兵团、各师、农科所及农业高等院校农业科研资金投入不足、资金使用分配不合理等问题，使农业技术创新后劲不足。以上因素影响了兵团农业技术创新成果的供给能力，致使农业可持续发展对农业技术创新的巨大需求与农业技

---

① 刘春香．中国农业技术创新现状与对策研究［J］．农业经济，2006(5)：33。

术创新成果的供给之间出现较大缺口，农业科技对农业增长的推动力不足。

3.4.3　农业科研投入不足，制约了农业技术创新能力

目前，兵团现有的农业科技投入主要有以下几个渠道：一是兵团本级财政（务）年初科技预算投入，这是科技投入的主渠道。二是各师、高等院校和科研院所本级财政（务）科技预算投入。三是团场本级财政（务）科技预算投入。四是通过项目争取国家科技立项投入。全国科技大会后，各省、自治区、直辖市都加大了科技投入的力度，兵团也不例外。2007 年兵师两级财政（务）和师、院校本级科技经费总额达 7 889.94 万元，加上国家到位科技经费，兵团各类科技经费总额达到 1.41 亿元，同比增长 49%。[①] 即便如此，兵团各类科技经费总额也仅占兵团生产总值的 0.32 %，离 2020 年兵团全社会研究开发经费投入占 GDP 的比重达到 2.5%以上的目标还相差很远。另外一个值得注意的问题是，由于多种种原因部分师科技投入还很低，科技三项经费的投入至今停留在几十万元的水平上，比一些团场的科技投入还要低。各师本级科技投入的不足，对所属农牧团场、企业的科技投入带来负面效应。兵团科技投入的不足，制约了农业技术创新主体自主创新能力的迅速提升，减缓了科技进步的速度。

---

① 李国军：兵团科技创新成效显著—改革开放 30 年发展纪实，2008 年 5 月 6 日，兵团科技局网站。

3.4.4 农业技术创新市场供给与市场需求存在脱节问题

在兵团农业技术创新体系中，农业应用研究的重点是由研究人员自己选择并报兵团有关部门审批，或由兵团相关职能部门确定研究重点和分配研究资源。正是这样的科研运行体制导致：①职工生产过程中迫切需要的适宜性农业技术供给短缺，农业的科技链与产业链脱节；②农业科研目标单一、结构不合理。以往农业科研的目标主要是提高产量，但随着生活水平的提高，已难以满足人们对农产品优质化、多样化的需求；③大多数科研集中在产中阶段，忽视产后科研，农产品多用途利用开发以及储存保鲜、加工增值方面的科技研发，制约了农产品的市场实现和经济效益。目前，兵团农业科研力量的90%集中在产中阶段，其中55%又集中在种植业领域，而美国农业科研力量的70%集中在产后阶段。由于兵团农业技术创新体制和政策不够完善，科技创新组织结构不合理等原因，造成农业技术供给与市场需求脱节，难以适应新技术革命的挑战。

3.4.5 农业技术创新扩散机制还需进一步完善

兵团农业技术创新扩散机制不健全主要表现在以下几个方面：①农业科技推广部门自身不硬。主要表现为：一是农技推广部门长期以来只重视增加产量为重点的技术推广，忽视产品的安全、生态环境的保护和农业产业化的发展。二是农技推广部门依然采取的是“技术+行政，自上而下”的技术推广方式，缺乏与职工沟通和职工参与的自觉性，职工处于被动接纳状态，影响了科技成果的转化。三是工作方式缺乏创新，仅仅满足于上级部门安排的工作，在基层的技术影响力没有充分发挥。②农业推广资金投入严重不足。表现在：一是人员工资、事业经费无保障。二是有限的项目经费多用于补助事业经费的不足，不能有效地开展技术推广。据统计，国家财政拨付兵团用于技术推广的专项经费每年不足 1 000 万元，分配到各师推广站，只能是杯水车薪，使重大推广项目缺乏必要的经费支持。③农业推广、科研、教学部门缺乏有效的协调和沟通。农业生产的发展离不开科技的进步、教育的兴旺，科研、教育与推广既要分工，又要合作，最终都为农业生产服务。但长期以来农技推广、农业科研和教育部门之间存在着各自为政的倾向，缺乏凝聚力，也没形成合力，这样既不利于自身的发展，又造成科技资源浪费，直接影响农业科技成果推广转化的效率。④农业推广体制和运行机制与市场经济发展要求不相适应。兵团农技推广管理和运行机制一直沿用计划经济体制下自上而下、以行政促推广的模式，技术推广往往只考虑对上级领导负责，不能充分了解市场以及团场职工的技术需求。这样的推广体制和运行机制已不适应新的环境要求，必将影响兵团科技成果的转化。

3.4.6　农业技术创新与农业可持续发展存在偏倚性

出于屯垦戍边使命的考虑，兵团的大部分团场在建团初期都选址建于两大沙漠（塔克拉玛干沙漠和古尔特通古特沙漠）、戈壁和盐碱滩边、灌溉水系的下游及漫长的边境线上，自然条件十分恶劣，生态环境十分脆弱，土地植被稀少，风沙严重。长期以来，大力开发农业资源，加快农业经济发展是兵团农业发展的主要任务。为此，兵团农业技术创新中长期形成了只注重农业资源开发技术创新而忽略节约资源、保护资源的技术创新。受其影响，兵团农业技术创新成果供给中，以高产出、高经济效益为性能指标的技术供给数量居多，而以节约资源、防止污染、改善生态环境质量为性能指标的技术供给数量极少。在这类农业技术创新成果的推动下，兵团农业资源耗竭和农业生态环境的破坏是以高于农业增长的速度在持续着，从而造成兵团农业持续发展面临巨大压力。兵团农业技术创新目标过多追求的是较高的效率和效益，而农业可持续发展目标要求不但要追求较高的效率和效益，还要兼顾资源节约和环境的保护，农业技术创新目标与农业可持续发展目标存在的偏倚性成为兵团农业快速发展对环境造成破坏的重要因素，也是兵团农业的发展成本高于国内或世界平均水平的重要因素，注定了兵团农业发展要付出比国内其地区多得多的代价。因此，加快推进兵团可持续农业技术创新显得十分迫切。

第四章　兵团可持续农业技术创新背景

通过上一章分析可知，农业技术创新为兵团农业快速、健康发展提供了根本动力。根据可持续发展理论，走可持续发展道路应该是兵团农业发展的现实选择。兵团农业持续发展面临诸多问题，要实现可持续发展必然要依靠可持续农业技术创新作为支撑。本章主要从兵团农业可持续发展的能力、兵团农业可持续发展资源环境和兵团农业技术体系可持续性评价三个方面分析了兵团可持续农业技术创新有其特有的背景，提出加快推进兵团可持续农业技术创新的必要性和紧迫性。

4.1　兵团农业可持续发展能力分析

4.1.1　兵团农业可持续发展能力指标体系构建

1. 区域农业可持续发展的判断依据

就目前来看，判断区域农业是否可持续发展主要依据以下原则：一是经济的持续性，主要看农业经济和农业生产者经济利益是否不断提高；二是生态的持续性，主要看资源和环境是否持续，前者要求维护农业生态资源的永续生产能力和功能，后者要求现代农业对土地资源生产潜力不造成或极少造成影响；三是社会的持续性，指农业生产应持续不断地提供充足、安全可靠、不断满足社会需求的农产品。

2. 兵团农业可持续发展能力指标体系构建

在坚持“全面性、可操作性、简明性、适用性”的农业可持续发展能力指标体系构建原则基础上，笔者在确定兵团农业可持续发展评价指标体系及其相应权重的过程中，主要参考了马琼（2002）的研究结果，同时考虑资料的获取难度，咨询了有关兵团农业方面研究专家的意见，据此又对指标权重进行了慎重考虑和调整。最终运用层次分析法分为三个层次构建兵团农业可持续发展能力评价指标体系：第一层次目标层为农业可持续发展能力（A）；第二层次（一级指标）包括农业经济可持续发展能力（B1），农业生态可持续发展能力（B2），农场社会可持续发展能力（B3）；第三层次（二级指标）共计15项指标，详见表4-1。指标体系中所有数据均来自《新疆生产建设兵团统计年鉴（1990—2009年）》，经整理所得。

农业经济的可持续性是指兵团各农牧团场，在生产经营活动中，能够保证自负盈亏、自我发展，并实现一定的经济效益，它是农业可持续发展的必要条件。主要评价指标有：农业总产值（C1）、人均农业总产值（C2）、农牧工人均纯收入（C3）、农业固定资产投资（C4）、人均农业生产总值（C5）等。

表 4-1　兵团农业可持续发展评价指标及权数

第一层次 目标层	第二层次 一级指标	权重	第三层次 二级指标	代码	权重
农业可持续发展能力（A）	经济可持续性（B1）	0.34	农业总产值	C1	0.097 9
			人均农业总产值	C2	0.068 4
			农牧工人均纯收入	C3	0.037 2
			农业固定资产投资	C4	0.053 2
			人均农业生产总值	C5	0.083 3
	生态可持续性（B2）	0.45	耕地面积	C6	0.129 5
			化肥使用量	C7	0.058 2
			农药使用量	C8	0.020 2
			农用地膜使用量	C9	0.041 2
			林木覆盖率	C10	0.110 3
			水资源	C11	0.090 6
	社会可持续性（B3）	0.21	人口自然增长率	C12	0.073 3
			农业人口比重	C13	0.055 2
			大中小学在校生人数	C14	0.045 7
			每万人医护人员数	C15	0.035 8

农业生态的可持续性是指兵团辖区内自然资源的永续开发利用和农业生态环境得到良好保护。主要评价指标有：耕地面积（C6）、化肥使用量（C7）、农药使用量（C8）、农用薄膜用量（C9）、林木覆盖率（C10）、水资源（C11）等。

农场社会的可持续性是指包括兵团人口的可持续发展以及就业、教育、文化、卫生等多方面的提高和完善，它是农业可持续发展的最终目标。主要评价指标有：人口自然增长率（C12）、农业人口比重（C13）、大中小学在校生人数（C14）、每万人医护人员数（C15）。

3. 评价方法

（1）确定指标权重。本研究运用层次分析法（AHP），通过两两比较的方式，建立判断矩阵，计算出各指标的相对权重。具体步骤为：通过系统分析将复杂问题分成若干有序的层次，即目标层、基准层和指标层，对每一层相关因素进行比较判断，将各因素的相对重要性给予定量化，利用数学方法，决定全部因素重要性的次序。目的是要根据下一层指标对上一层的相对重要性，分别赋予相应的权重，当各基础指标及指标的层次结构确定以后，就可以用层次分析法确定其权重。

（2）评价指标的标准化处理。本研究着重分析1990—2008年兵团农业可持续发展能力的变化情况。各项指标的基础数据来源于历年兵团权威部门的统计资料（主要是新疆生产建设兵团历年统计年鉴）。为了便于比较，消除指标间因计量单位不同造成的干扰，对这些数据进行无量纲处理，得出各指标的标准化指标值。某指标的标准化指标值为目标年与基准年的比值。

$$Y_{it}=C_{it}/C_{i0} \tag{1}$$

$$Y_{it}=C_{i0}/C_{it} \tag{2}$$

式中：Y_{it}为第i项指标在第t年的标准化指标值；C_{it}和

C_{i0}为第 i 项指标在第 i 年和基年的统计值。当指标值增大时，用（1）式计算，如农业总产值等。当指标值减小时，用（2）式计算，如化肥、农药、农膜施用量和人口自然增长率。这样经无量纲化处理得出的标准化值，只要指标值增大，就有利于农业可持续发展。

（3）综合评价。在得出指标评定系数和指标权重的基础上，按下式计算得出的综合指数值来进行农业可持续发展能力综合评价。

$$S_t = \sum W_i \cdot S_{it} \qquad (3)$$

式中：S_t为第 t 年农业可持续发展能力的综合评定系数；W_i为第 i 项指标的权重；S_{it}为第 i 项指标在第 t 年的评定系数。对于任何时间 t_0，如果 $S_{t+1} \geqslant S_t$，则表明农业发展是可持续的。否则，农业发展的可持续性就存在问题，应进一步分析，找出影响农业可持续发展的薄弱环节。若根据各年 S_t值作出变化曲线，则能揭示出区域农业可持续发展能力变化趋势。

4. 结果分析

根据以上指标的设置，计算出 1990—2008 年间兵团农业可持续发展能力各指标的标准化量纲值，如表 4－2所示。指标层中各指标的相对权重计算结果如表 4－1所示。根据相对权重值和表 4－2 中各指标的标准化量纲值，应用综合评价公式，计算出各年际间的各项综合评价指数、可持续发展能力综合评价指数和年均变化率，其结果如表 4－3、表 4－4、表 4－5 和图 4－1 所示。

表 4-2 兵团农业可持续

二级指标项目	权重	1990	1991	1992	1993	1994	1995	1996	1997
农业总产值	0.097 9	1	1.109 9	1.116 3	1.248 4	1.915 2	2.890 3	3.034 1	3.639 4
人均农业总产值	0.068 4	1	1.097 1	1.096 4	1.217 5	1.846 1	2.708 2	2.775 8	3.272 4
农牧工人均纯收入	0.037 2	1	1.024 5	1.056 4	1.226 7	1.683 0	2.264 3	3.269 0	2.788 3
农业固定资产投资	0.053 2	1	1.656 3	2.351 7	1.570 3	1.373 8	2.506 0	4.286 6	6.713 7
人均农业生产总值	0.083 3	1	1.002 1	0.965 1	1.035 9	1.744 6	2.510 8	2.548 7	2.897 4
耕地面积	0.129 5	1	1.013 9	1.054 4	1.023 5	1.022 4	1.010 7	1.034 1	1.051 2
化肥使用量①	0.058 2	1	0.911 0	0.845 1	0.908 2	0.839 4	0.723 4	0.622 6	0.598 2
农药使用量①	0.020 2	1	0.812 5	0.840 9	0.952 2	0.874 0	0.735 5	0.588 4	0.495 2
农用地膜使用量①	0.041 2	1	0.809 9	0.703 0	0.731 3	0.587 7	0.549 3	0.470 4	0.407 4
林木覆盖率	0.110 3	1	1.000 0	1.160 0	1.200 0	1.200 0	1.280 0	1.280 0	2.080 0
水资源	0.090 6	1	1.000 0	0.964 4	0.964 4	0.932 8	0.932 8	0.932 8	1.111 5
人口自然增长率①	0.073 3	1	1.135 4	1.257 5	1.255 3	1.250 9	1.289 3	1.389 9	1.510 6
农业人口比重	0.055 2	1	1.000 0	1.013 3	0.984 8	1.001 9	1.018 9	1.032 2	1.018 9
大中小学在校生人数	0.045 7	1	0.977 5	0.909 0	0.933 6	0.846 7	0.867 7	0.902 3	0.961 0
每万人医护人员数	0.035 8	1	1.014 9	1.037 3	1.022 4	1.007 5	0.977 6	0.947 8	0.932 8

资料来源：根据《新疆生产建设兵团统计年鉴》（1990—2009 年）有关资

发展评价指标无量纲化值

1998	1999	2000	2001	2002	2003	2004	2005	2006	2007	2008
3.873 3	3.279 8	3.913 4	3.364 0	4.241 0	5.484 4	5.639 5	6.571 9	7.592 4	8.582 9	9.309 9
3.449 1	2.904 3	3.453 8	2.939 1	3.634 5	4.624 5	4.714 9	5.481 9	6.309 9	7.118 5	0.775 8
2.840 1	2.683 0	3.305 7	3.631 2	3.871 1	3.271 9	3.477 0	3.861 7	4.540 9	5.826 0	6.369 7
8.570 2	7.155 5	7.528 8	10.230 3	10.742 2	13.373 6	13.457 3	12.294 2	14.881 0	15.623 0	14.391 8
3.092 3	2.543 6	3.025 6	2.626 7	3.131 3	4.402 1	4.605 1	5.214 4	5.653 3	6.451 3	6.621 5
1.089 6	1.109 4	1.134 9	1.143 7	1.127 0	1.103 6	1.105 7	1.109 4	1.112 0	1.113 5	1.114 2
0.573 8	0.600 7	0.575 3	0.565 8	0.559 1	0.508 8	0.466 7	0.437 3	0.398 7	0.360 7	0.342 7
0.556 1	0.536 9	0.474 1	0.534 1	0.570 4	0.541 6	0.506 8	0.422 6	0.418 0	0.400 3	0.384 8
0.333 5	0.307 5	0.285 4	0.260 0	0.267 8	0.256 7	0.241 4	0.225 4	0.216 8	0.200 9	0.195 0
2.080 0	2.080 0	2.080 0	2.080 0	2.280 0	2.280 0	1.680 0	1.768 0	1.768 0	1.768 0	1.768 0
1.111 5	1.111 5	1.111 5	0.851 3	0.917 6	0.977 3	0.953 4	0.979 4	0.992 5	0.979 0	0.986 7
1.658 1	1.584 4	1.697 6	1.739 0	2.109 5	2.458 6	3.034 0	4.121 4	6.481 8	5.796 7	5.360 9
1.022 7	1.064 4	1.075 8	1.022 7	1.026 5	1.026 5	1.043 6	0.983 0	0.964 0	0.964 0	0.948 9
1.008 1	1.048 7	1.060 0	1.135 4	1.200 2	1.224 7	1.254 1	1.242 2	1.258 3	1.244 1	1.231 6
0.895 5	0.873 1	0.850 7	0.806 0	0.701 5	0.701 5	0.694 0	0.701 5	0.709 0	0.709 0	0.686 6

料整理；①表示该项指标为逆项指标。

表 4-3　兵团农业可持续

一级指标	二级指标	代码	权重	1990	1991	1992	1993	1994	1995	1996
经济可持续性（B1）	农业总产值	C1	0.097 9	0.097 9	0.108 7	0.109 3	0.122 2	0.187 5	0.283 0	0.297 0
	人均农业总产值	C2	0.068 4	0.068 4	0.075 0	0.075 0	0.083 3	0.126 3	0.185 2	0.189 9
	农牧工人均纯收入	C3	0.037 2	0.037 2	0.038 1	0.039 3	0.045 6	0.062 6	0.084 2	0.121 6
	农业固定资产投资	C4	0.053 2	0.053 2	0.088 1	0.125 1	0.083 5	0.073 1	0.133 3	0.228 0
	人均农业生产总值	C5	0.083 3	0.083 3	0.083 5	0.080 4	0.086 3	0.145 3	0.209 1	0.212 3
生态可持续性（B2）	耕地面积	C6	0.129 5	0.129 5	0.131 3	0.136 5	0.132 5	0.132 4	0.130 9	0.133 9
	化肥使用量	C7	0.058 2	0.058 2	0.053 0	0.049 2	0.052 9	0.048 9	0.042 1	0.036 2
	农药使用量	C8	0.020 2	0.020 2	0.016 4	0.017 0	0.019 2	0.017 7	0.014 9	0.011 9
	农用地膜使用量	C9	0.041 2	0.041 2	0.033 4	0.029 0	0.030 1	0.024 2	0.022 6	0.019 4
	林木覆盖率	C10	0.110 3	0.110 3	0.110 3	0.127 9	0.132 4	0.132 4	0.141 2	0.141 2
	水资源	C11	0.090 6	0.090 6	0.090 6	0.087 4	0.087 4	0.084 5	0.084 5	0.084 5
社会可持续性（B3）	人口自然增长率	C12	0.073 3	0.073 3	0.083 2	0.092 2	0.092 0	0.091 7	0.094 5	0.101 9
	农业人口比重	C13	0.055 2	0.055 2	0.055 2	0.055 9	0.054 4	0.055 3	0.056 2	0.057 0
	大中小学在校生人数	C14	0.045 7	0.045 7	0.044 7	0.041 5	0.042 7	0.038 7	0.039 7	0.041 2
	每万人医护人员数	C15	0.035 8	0.035 8	0.036 3	0.037 1	0.036 6	0.036 1	0.035 0	0.033 9

表 4-4　兵团农业可持续

一级指标	权重	1990	1991	1992	1993	1994	1995	1996	1997
经济可持续性	0.34	0.34	0.393 4	0.429 1	0.421 0	0.594 8	0.894 9	1.048 9	1.282 4
生态可持续性	0.45	0.45	0.435 0	0.447 0	0.454 5	0.440 0	0.436 2	0.427 1	0.527 9
社会可持续性	0.21	0.21	0.219 4	0.226 8	0.225 6	0.221 8	0.225 4	0.234 0	0.244 3
农业可持续发展	1	1	1.047 8	1.102 9	1.101 1	1.256 5	1.556 5	1.710 0	2.054 5

发展能力各项指标综合指数

1997	1998	1999	2000	2001	2002	2003	2004	2005	2006	2007	2008
0.356 3	0.379 2	0.321 1	0.383 1	0.329 3	0.415 2	0.536 9	0.552 1	0.643 4	0.743 3	0.840 3	0.911 4
0.223 8	0.235 9	0.198 7	0.236 2	0.201 0	0.248 6	0.316 3	0.322 5	0.375 0	0.431 6	0.486 9	0.053 1
0.103 7	0.105 7	0.099 8	0.123 0	0.135 1	0.144 0	0.121 7	0.129 3	0.143 7	0.168 9	0.216 7	0.237 0
0.357 2	0.455 9	0.380 7	0.400 5	0.544 3	0.571 5	0.711 5	0.715 9	0.654 1	0.791 7	0.831 1	0.765 6
0.241 4	0.257 6	0.211 9	0.252 0	0.218 8	0.260 8	0.366 7	0.383 6	0.434 4	0.470 9	0.537 4	0.551 6
0.136 1	0.141 1	0.143 7	0.147 0	0.148 1	0.145 9	0.142 9	0.143 2	0.143 7	0.144 0	0.144 2	0.144 3
0.034 8	0.033 4	0.035 0	0.033 5	0.032 9	0.032 5	0.029 6	0.027 2	0.025 5	0.023 2	0.021 0	0.019 9
0.010 0	0.011 2	0.010 8	0.009 6	0.010 8	0.011 5	0.010 9	0.010 2	0.008 5	0.008 4	0.008 1	0.007 8
0.016 8	0.013 7	0.012 7	0.011 8	0.010 7	0.011 0	0.010 6	0.009 9	0.009 3	0.008 9	0.008 3	0.008 0
0.229 4	0.229 4	0.229 4	0.229 4	0.229 4	0.251 5	0.251 5	0.185 3	0.195 0	0.195 0	0.195 0	0.195 0
0.100 7	0.100 7	0.100 7	0.100 7	0.077 1	0.083 1	0.088 5	0.086 4	0.088 7	0.089 9	0.088 7	0.089 4
0.110 7	0.121 5	0.116 1	0.124 4	0.127 5	0.154 6	0.180 2	0.222 4	0.302 1	0.475 1	0.424 9	0.393 0
0.056 2	0.056 5	0.058 8	0.059 4	0.056 5	0.056 7	0.056 7	0.057 6	0.054 3	0.053 2	0.053 2	0.052 4
0.043 9	0.046 1	0.047 9	0.048 4	0.051 9	0.054 8	0.056 0	0.057 3	0.056 8	0.057 5	0.056 9	0.056 3
0.033 4	0.032 1	0.031 3	0.030 5	0.028 9	0.025 1	0.025 1	0.024 8	0.025 1	0.025 4	0.025 4	0.024 6

发展能力综合指数

1998	1999	2000	2001	2002	2003	2004	2005	2006	2007	2008
1.434 3	1.212 1	1.394 9	1.428 5	1.640 1	2.053 1	2.103 5	2.250 4	2.606 4	2.912 4	2.518 7
0.529 6	0.532 3	0.531 9	0.509 1	0.535 7	0.534 1	0.462 2	0.470 7	0.469 5	0.465 3	0.464 4
0.256 1	0.254 1	0.262 7	0.264 7	0.291 2	0.318 0	0.362 2	0.438 2	0.611 2	0.560 4	0.526 2
2.220 0	1.998 4	2.189 5	2.202 3	2.467 0	2.905 2	2.927 9	3.159 3	3.687 1	3.938 0	3.509 3

表 4-5 兵团农业可持续发展能力综合指数年均变化率

单位：%

	1990—1995年	1995—2000年	2000—2005年	2005—2008年	1990—2008年
经济可持续发展力	21.4	9.2	10.1	3.8	11.8
生态可持续发展力	−0.6	4.1	−2.4	−0.45	0.18
社会可持续发展力	1.4	3.1	10.8	6.3	5.2
农业可持续发展力	9.3	7.1	7.6	3.6	7.2

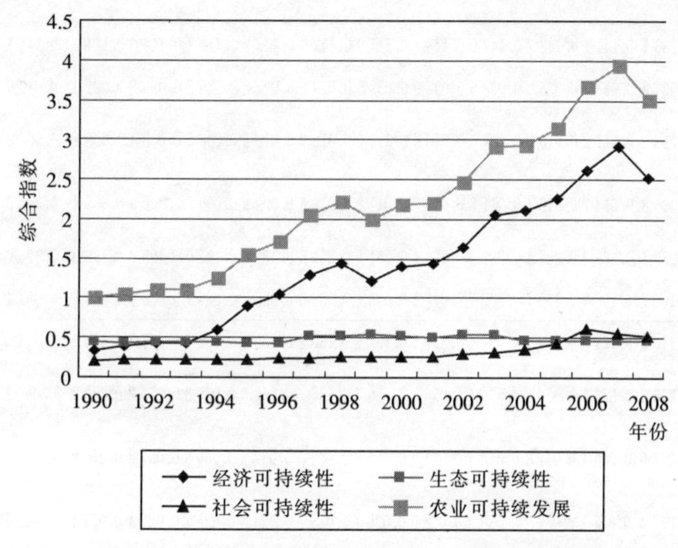

图 4-1 兵团农业可持续发展综合指数变化情况

4.1.2 兵团农业可持续发展能力评价

1. 总体评价

(1) 通过对兵团农业可持续发展能力指标体系中指标的相对权重比较分析可以看出，影响兵团农业续发展的前

10项指标顺序是：农业总产值、农业固定资产投资、人均农业生产总值、人口自然增长率、农牧工均纯收入、林木覆盖率、耕地面积、水资源、大中小学在校生人数和人均农业总产值。

（2）兵团农业经济可持续发展能力良好，呈强劲态势。综合指数值由1990年的0.34增加到2008年的2.518 7，年均增长幅度为11.8%。从增长幅度看，“八五”时期最快，其次是“十五”和“九五”，“十一五”期间较慢。目前农业总产值和农业固定资产投资对兵团农业经济可持续发展能力贡献较大，其次为人均农业生产总值和农牧工人均纯收入。

（3）兵团农业生态可持续发展能力较缓慢，且呈下降态势。综合指数值由1990年的0.45增加到2008年的0.464 4，年均增长幅度仅为0.18%，且发展极不均衡。除了“九五”期间略有上升且发展缓慢外，“八五”、“十五”和“十一五”期间农业生态可持续发展能力综合指数值呈下降趋势。可以看出，目前对农业生态可持续发展所起的有利作用最大因素是林木覆盖率。造成农业生态可持续发展的不利状态的主要因素是化肥、农药和农用地膜使用量的不断增加。

（4）兵团农场社会可持续发展能力良好。综合指数值由1990年的0.21增加到2008年的0.526 2，年均增长幅度为5.2%。从各时期看，综合指数增长幅度，“十五”期间发展速度最快，“八五”和“九五”期间发展速度较慢，“十一五”期间略有增长又呈下滑态势。从“八五”以来整个时期看，发展速度不均衡，呈波动状态。目前人口自然增长率对农业社会可持续发展作用最大，其次为大中小学在校生人数。

（5）兵团农业可持续发展能力总体良好。综合指数由1990年的1.000 0增加到2008年的3.509 3，年均增长幅度为7.2%。各时期平均增长幅度看相对较平稳，增长幅度总体呈上升趋势。从总体看，各类指标对农业可持续发展贡献大小的顺序是：经济可持续性＞社会可持续性＞生态可持续性。从“八五”整个时期看，农业经济可持续能力发展最快，其次为农场社会可持续发展能力和农业生态可持续发展能力。

2. 主要结论

（1）目前兵团农业经济可持续发展呈良好态势，农业生产稳定持续增长，农业总产值、人均总产值和人均农业生产总值持续增长；农业经济效益显著提高，农牧工人均纯收入不断增加，科技创新对农业增长的贡献率已经完全显现出来。

（2）农业生态环境总体得到改善，林木覆盖率逐年提高，耕地面积基本保持不变，略有增长。但水资源增长缓慢，“八五”后，出现水资源总量下降趋势，加上化肥、农药和地膜的大量使用，对土地、河流的污染加剧，以及过度垦荒造成的生态环境破坏严重，导致农业生态可持续发展呈现缓慢下降态势。

（3）农场产业结构的调整加快，农场劳动力转移加剧，二、三产业得到快速发。同时随着国家对团场教育卫生的投入，农场社会可持续发展能力整体良好。但由于多种原因，“十一五”农场社会可持续发展能力呈现波动下滑态势。

（4）兵团农业整体保持持续发展态势，但农业发展过程中经济、生态和社会协调发展的矛盾已经凸显，这将成为农业可持续发展的障碍。采取积极有效的措施，加快推进可持续农业技术创新，解决农业发展过程中经济、生态和社会协调发展失衡问题，确保农业可持续发展，已经显得十分必要和紧迫。

4.2　兵团农业可持续发展资源环境分析[①]

4.2.1　生态环境先天比较脆弱

由于肩负着特殊的屯垦戍边使命，兵团大部分团场处在两大沙漠（塔克拉玛干沙漠和古尔特通古特沙漠）、戈壁和盐碱滩边、灌溉水系的下游及漫长的边境线上，生态环境非常脆弱，自然条件十分恶劣，植被稀少，风沙严重。近几年由于人口的增长和不合理的资源开发模式加剧了环境的恶化速度，主要表现在自然灾害（如震灾、风灾、旱灾、洪灾）极为频繁和自然资源（水资源缺乏、土壤荒漠化、盐渍化加剧）严重短缺。兵团自然资源先天脆弱所产生的硬约束决定了兵团农业技术创新必须以“可持续”为基本方向，在可持续集约利用一切可利用资源、促进农业系统的技术集约、劳力集约、资金集约，实现高产出、高效

① 齐晓辉等．新疆生产建设兵团可持续农业技术变迁的对策研究［J］．中国科技论坛，2009（7）：124－125。

率的同时，还必须兼顾利用技术措施治理、改善和保护生态环境，以维持资源环境的永续利用，其实质就是要加快推进可持续农业技术创新。

4.2.2 水土流失面积扩大，土地肥力下降

兵团的水土流失主要表现在暴雨造成的坡面侵蚀和细沟、小切沟侵蚀、河道侵蚀沿岸、崩塌、滑坡和泥石流等方面。虽然兵团在戈壁荒滩建立了片片绿洲，但由于自然条件和人为的因素，水土流失面积却在继续扩大。目前，兵团水土流失面积已达到 18.8 万公顷，其中最严重的地区是南疆的玉龙喀什河以东地区和阿克苏河流域、塔里木河流域以及叶尔羌河流域地区，塔里木河输沙量和含沙量成为自治区最高的河流。由于河流泥沙含量大，致使水库库容减少，河道淤积抬高，渠道淤积，有的河段每年抬高 10～20 厘米 。兵团每年清淤河道泥沙量达 7 400 万立方米，排沙任务繁重。同时，由于水土流失的加剧，导致大量农田受损，土壤养分流失，肥力下降，每年因水土流失而毁坏的农田达 1 500～2 000 公顷，有 8 万公顷的旱田土层普遍减薄 5～8 厘米，有机质减少 0.2%～0.4% 。

4.2.3 土地盐渍化、荒漠化进程加剧

兵团团场所处的环境多为人工绿洲生态环境，大多数团场处于荒漠的包围之中，绿洲内营造的防护林体系与绿洲外围的大面积荒漠林共同构成了绿洲荒漠化的防御体系。随着绿洲人口集聚，生产、生活用水成倍增加，

地表截流、地下提水等人为过程使自然水盐运移动规律发生变化。绿洲过度的耗水使原来排入荒漠及盆底湖泊的盐分大部分沉积在绿洲，加速了绿洲的盐渍化、沙漠化进程。近几年，由于盲目开发土地，导致大多数河流中下游段流程缩短，林地面积减少，草地退化，野生植物衰退和死亡，荒漠对绿洲构成了潜在的巨大威胁。兵团土地盐渍化分布范围很广，几乎从南到北、从东到西的 174 个团场都有分布，土地盐渍化面积达 193 万公顷，占土地总面积的 26%。其中，荒地盐渍化面积有 146.3 万公顷，耕地盐渍化面积有 46.7 万公顷，接近耕地面积 50%，在耕地盐渍化中，次生盐渍化面积占 80%，兵团每年有五六千公顷的耕地因盐渍化加重而弃耕，有近一半的耕地受着盐渍化的威胁。兵团沙漠化土地面积达 152 万公顷，占土地总面积的 20%，尤其是南疆各师环塔克拉玛干大沙漠和北疆地处风口区的农牧团场沙漠化在加剧。另外由于过度放牧，滥垦、滥挖、樵采等人为破坏严重，造成兵团天然草场普遍退化。兵团 196.5 万公顷可利用的天然草地中，退化面积达 186.6 万公顷，其中严重退化面积为 49.9 万公顷，占可利用草地面积的 25%[①]。草地退化更严重的后果是引起了荒漠草地植被的破坏，荒漠化在加剧，土壤风蚀严重，每年春季沙尘暴肆掠，一些地方出现人退沙进的现象，严重地影响到了人工绿洲生态环境的安全。土地盐渍化、沙

① 马惠兰，蒲春玲．新疆生产建设兵团生态环境问题探析［J］．实事求是，2006（5）：25。

漠化进程加剧已经威胁到兵团农业的可持续发展。因此，尽快形成以提高农业生产效率效益和生态质量兼顾的可持续农业技术创新才能最终解决兵团农业持续发展的面临的问题。

4.2.4 水资源缺乏不断加剧

兵团农业大量的用水和不合理的灌溉方式加剧了水资源的供给矛盾。新疆塔里木河，由于上中游过量引水灌溉农田，致使下游完全断流，实际干流由 1 300 千米缩短为 1 000 千米，尾间湖罗布泊也于 50 年代干涸，台特玛湖所剩无几；新疆的艾比湖水面已从 50 年代的 1 200 平方千米萎缩到现在的 500 平方千米；博斯腾湖由于上游修建灌溉工程导致人湖水量锐减，水面减少了 120 平方千米，水位降低了 3.54 米。新疆主要河流水量的减少使下游农业严重缺水，陷入了缺水—生态恶化—农业灾害频繁的恶性循环之中。同时，由于大量围垦和不合理使用农药、化肥，造成水生态系统破坏，湖泊富营养化严重。从水源来看，冰川平均后退率由 1986 年的 0.236 米/年增至 1999 年的 0.412 米/年①。这些触目惊心的数字说明，传统农业技术创新方式，会加速资源的恶化速度并紧缩了自然资源的约束环，将使我国的农业发展处于极为不利和令人担忧的境地。因此，发展可持续农业技术创新，使农业技术

① 戴旭萍．对兵团农业可持续发展的思考［J］．兵团党校学报，2005（2）：49。

创新进一步向生态化、高效化发展，形成可持续农业技术创新体系是兵团农业技术创新的基本方向。

4.2.5　生态环境污染和破坏问题日趋严重

现代农业先进技术和化肥、农药、地膜的大量使用虽然在很大程度上提高了兵团土地产出水平，但与此同时也给环境造成极大污染。据资料显示，兵团农业生产中化肥的使用量年均 64 万吨，平均每公顷施肥量达 623.8 千克①。由于大量使用化肥，已经在不同程度上导致土壤养分失调与衰竭、土壤有机质含量降低，团粒结构被破坏，土壤板结加重、土地资源退化；大量使用农药，在杀死害虫的同时，破坏了原有生态系统内的关联，使害虫的天敌和各种鸟类难觅踪迹，也使大气和水体受到污染，并通过生物链危及畜禽和人类健康；农用地膜在兵团已使用 20 多年，在土壤中残留量每亩地约 25 千克以上，已经影响到土壤的耕作，种子的发芽和作物根系生长；畜牧业发展产生大量的粪尿，目前只是简单的堆肥处埋，散发的臭气和粪便对兵团环境和水资源也造成不同程度的污染。

由于过度垦荒，导致大面积荒漠乔灌木林的破坏。与此同时，水资源的不合理利用，河流被层层截流、引流，导致中下游河床断流，使其沿岸的天然林以及原有的人工林由于长期缺水而衰亡，尤其在塔里木垦区的天然胡杨林

---

① 马惠兰，蒲春玲．新疆生产建设兵团生态环境问题探析［J］．实事求是，2006（5）：25。

出现了明显的退化和衰亡，面积大幅度减少。另一方面是由于过度樵采、滥挖、滥牧，有些农牧团场及附近居民大量砍伐荒漠林作为薪炭，还有些地区对甘草、大芸资源的滥挖、滥采，荒漠植被破坏严重，使非常脆弱的荒漠生态遭到难以恢复的破坏，直接威胁到天然荒漠林的生存与人工绿洲的安全。兵团生态环境污染和破坏问题日益严重，从另一侧面反证了加快推进兵团可持续农业技术创新的迫切性。

4.3 兵团农业技术体系可持续性评价

4.3.1 兵团农业技术体系主要内容

农业是兵团的基础产业，兵团农业技术体系的形成，是伴随兵团农业的发展和农业结构的调整而逐步形成的。兵团在上世纪 90 年代中期总结归纳出种植业“十大”主体技术体系（包括：良种良法技术、模式化栽培技术、地膜覆盖技术、节水灌溉技术、培肥地力技术、综合植保技术、科学施肥技术、标准化条田建设、土壤深松技术、人工影响天气），并进行了大面积推广应用，使兵团农业的科技含量和经济效益在短期内获得显著提高。兵团农业逐步脱离了传统粗放农业的范畴，向以科技含量高、成本低、品质优、高产出为特征的高科技农业转变。1999 年兵团首次提出创立精准农业技术体系的概念，走兵团特色的精准农业道路。兵团提出的精准农业，是以兵团农业实际生产状况及生产条件为出发点，以成熟的种植业“十大”主体技术体系为基础，以农业适用科学技术、农业工程技术、农业生物工程技术、农业信息技术等先进科学技术组合成精准农业技术，逐步形成了以六项关键技术（即：精准种子技术、精准播种技术、精准灌溉技术、精准施肥技术、精准收获技术以及精准监测技术）为核心的精准农业技术体系（主要在棉花生产中运用）。目前，兵团已形成高密度高产栽培技术、精准农业六项技术、种植业“十大”主体技术为主要内容的兵团种植业技术体系。

在种植业“十大”主体技术的带动下，兵团园艺业、畜牧业也先后提出了“十大”主体技术。园艺业“十大”主体技术是指优良种苗标准化繁育技术、设施园艺与配套工程技术、节水灌溉技术、有机肥为主的配方施肥技术、整形修剪技术、花果管理技术、化学调控技术、有害生物综合防治技术、绿色食品生产技术、保鲜包装储运技术。畜牧业“十大”主体技术是指畜禽良种化技术、高效繁殖综合技术、幼畜培育育肥技术、畜禽集约化生产技术、畜禽冷季舍饲生产技术、饲草高产栽培与加工利用技术、草原利用与保护技术、饲料安全生产技术、无公害畜产品生产技术、兽医保健及动物疫病防治技术。兵团种植业、果蔬园艺业、畜牧业主要技术体系的推广应用，对兵团农业发展起了重要支撑作用，有力地推动兵团农业快速发展。图 4－2 反映了兵团农业技术体系的主要内容。

4.3.2　兵团农业技术体系可持续性评判标准

一个国家或地区的农业是否能够持续发展，关键在于其选择的农业技术是否符合持续性、发展性、公平性和共

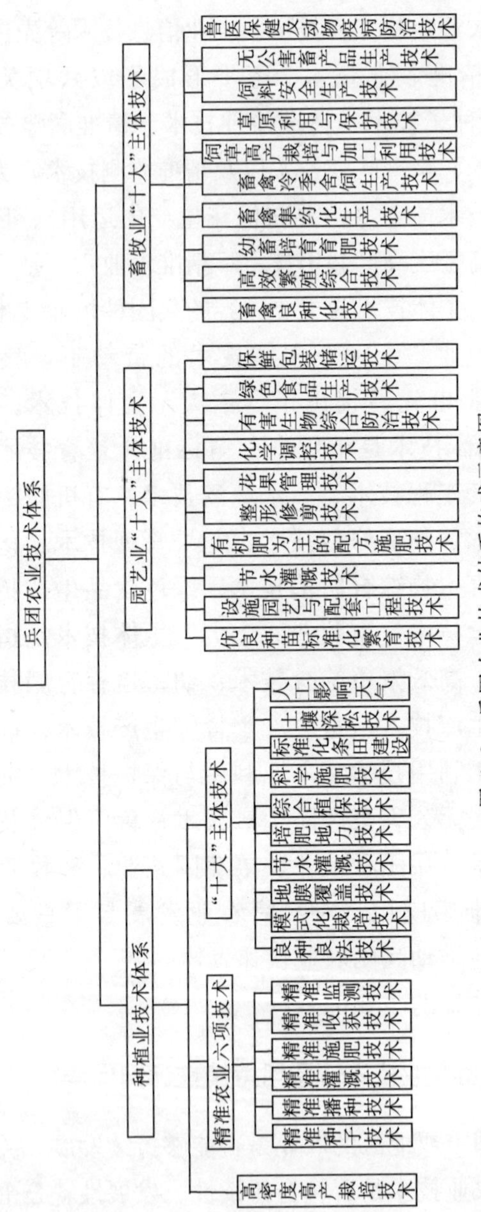

图 4-2 兵团农业技术体系构成示意图

同性的可持续原则，也就是说新的农业技术体系应该是可持续农业技术体系。只有选择可持续农业技术，才能对农业可持续发展形成强有力的支撑，推动农业持续发展。从可持续原则考虑，结合兵团农业技术体系的实际，笔者认为，评价兵团农业技术体系的可持续性应遵循以下四个标准：一是环境和产品安全标准。这一标准主要强调选择那些有利于生态良性循环和低污染或无污染的清洁技术、低副作用（如水土流失、沙漠化、盐碱化等副作用）技术和生态良性化工程技术等。二是效率与效益标准。这一标准主要强调选择那些能够提高农业生态系统的生产效率、农业生产者的收益、农业市场系统的运营效率和农业消费系统的产品利用效率及农业管理系统的管理效率的技术。三是伦理标准。这一标准主要考虑某些农业技术选择应适合社会伦理和环境伦理公平规范的要求。四是地理空间特征适应性标准。这一标准主要强调农业技术类型的选择要适应区域农业资源条件、农业生态背景、社会经济背景、技术开发能力和技术投资能力以及技术转移能力等地理空间的要求。①

4.3.3　兵团农业技术体系可持续性评价

1. 种植业技术体系可持续性评价

优点评价：①按可持续农业技术评判所遵循的四个主要标准来看，兵团已形成的高密度高产栽培技术、精准农

① 董恒年．可持续农业的技术选择标准与我国可持续农业技术体系选择探讨［J］．南开学报，1998（2）：52－57。

业六项技术、种植业“十大”主体技术为主要内容的种植业技术体系，总体上符合效率与效益标准和地理空间特征适应性标准，对提高兵团农业生产率、增加农业经济效益、提高职工收入都起到巨大的推动作用；②兵团提出的精准农业六项技术，符合环境和产品安全标准、效率与效益标准、伦理标准和地理空间特征适应性标准。六项技术在棉花生产中广泛使用，表现出“五节”（节地、节水、节肥、节种、节劳动力）、“三降”（降低农药和化肥对土地的污染、降低地下水位、降低职工劳动强度）、“三提高”（提高农产品的质量和单产、提高农业职工的收入、提高农业效益和农产品的市场竞争力）的较好效果，是农业技术发展的方向，必将有力地推动兵团农业可持续发展。

缺陷评价：①种植业“十大”主体技术中有些主要技术在使用中不符合环境和产品安全标准。如兵团“十大”主体技术中地膜覆盖技术，虽然符合效率与效益标准，但由于其回收难度大，残留土壤后不易分解，对土地污染较大，造成土壤板结，透气性差，对土地持续利用造成威胁，不符合环境和产品安全标准；科学施肥技术中，由于精准施肥技术还没全面推广，一些作物生产中，过度滥施现象还依然存在，对土壤环境污染严重；综合植保技术强调生物防治，但是由于多方面因素，化学农药防治依然是病虫害防治的主要手段，对土壤和大气环境造成了较大污染。这些技术的使用都对兵团农业可持续发展造成了不利影响。②精准农业六项技术对兵团农业可持续发展的现有支撑能力有限。兵团精准农业六项技术符合可持续农业技术的标准，但目前主要在棉花生产中使用，其他作物的使用才刚刚起步，受诸多因素影响大面积推广还需要相当一段时间；另外精准农业六项技术的实施对农业生产各环节的条件和劳动者的素质都有较高要求，技术到位率还有待于提高。由于存在以上两方面原因，致使目前兵团精准农业六项技术对农业可持续发展的支撑能力是有限的。③符合四项可持续农业技术标准的常规可持续农业技术并没有很好应用。主要是生物肥料应用技术，种植制度安排和结构调整技术、轮耕和复（套）种技术，农牧结合技术，有机无机结合施肥技术，残膜回收技术等。这些技术本身对农业可持续发展具有重要支撑作用，但由于过度追求效率与效益标准，而没有很好使用。

2. 园艺业技术体系可持续性评价

优点评价：①按可持续农业技术评判所遵循的四个主要标准来看，兵团园艺业“十大主体技术”总体上符合效率与效益标准和地理空间特征适应性标准，其主要技术的推广应用，有力地推动了兵团园艺业的快速发展，园艺业在农业中“三足鼎立”的格局逐步形成。②节水灌溉技术、有机肥为主的配方施肥技术和有害生物综合防治技术等符合可持续农业技术的效率和环境标准。从长远看，对推动兵团园艺业持续发展必将起到积极的作用。

缺陷评价：①有些技术在具体使用中不符合环境和产品安全标准。如以有机肥为主的配方施肥技术、有害生物综合防治技术、绿色食品生产技术，在兵团实际运用中并没有完全到位，园艺生产中大量施用无机肥、农药的现象还普遍存在，对环境造成污染。绿色园艺产品的生产数量所占比例依然很低，产品安全标准低；化学调控技术中，催熟剂的使用使园艺产品成熟较早、品质较差，对人体造成危害，不符合产品安全标准。②有些技术虽然符合地理空间特征适应性标准，但由于投入成本大，还没有在更大范围内推广应用，如：设施园艺与配套工程技术、节水灌溉技术等。

3. 畜牧业技术体系可持续性评价

优点评价：①整体来看，兵团畜牧业技术体系的内容基本涵盖了畜牧业发展的主体技术，经过实际推广运用，对兵团畜牧业发展起到一定的推动作用，总体上符合效率与效益标准和地理空间特征适应性标准。②畜禽良种化技术和高效繁殖综合技术有重大突破，符合可持续农业技术发展方向。兵团奶牛良种引进、性控冻精等技术已广泛使用，大幅度提高了奶牛良种化进程和高效繁殖水平，推动了畜牧业的发展。

缺陷评价：①畜牧业技术体系总体对兵团畜牧业持续发展支撑能力不强。畜牧业技术支撑体系建设是畜牧业技术支撑能力发挥的前提条件。目前形成的兵、师、团三级以畜牧兽医工作站为主体的技术支撑体系，由于受人员编制、经费来源等因素制约（特别是团场畜牧兽医工作站），面临人员不足，素质偏低、积极性不高，稳定性差等问题，造成畜牧业技术支撑能力不强，成为制约兵团畜牧业发展的重要因素；其次是现有技术体系中，除畜禽良种化技术、高效繁殖综合技术、畜禽集约化生产技术、畜禽冷季舍饲生产技术推广使用较普及外，幼畜培育育肥技术、饲草高产栽培与加工利用技术、草原利用与保护技术、饲料安全生产技术、无公害畜产品生产技术、兽医保健及动物疫病防治技术针对性不强，推广率不高，对兵团畜牧业支撑能力还不高。②畜牧业“十大”主体技术中有些技术在具体使用中不符合环境和产品安全标准。畜禽集约化生产技术在兵团农区畜牧业已得到广泛推广，但是规模化集约化养殖场畜禽粪便和污水的处理一直没有很好解决，大量粪便和污水基本上是没有经过处理直接排出，对环境的污染相当严重；草原利用与保护技术在兵团牧区得到重点推广，但是由于过分追求效率与效益标准，目前兵团草场利用与保护的矛盾日益突出，过度放牧情况时有发生，对草原环境造成破坏；无公害畜产品生产技术，虽然大力倡导，由于畜产品品牌和质量意识差，也只能是少数大型养殖企业使用，产品安全标准低。③畜牧业“十大”主体技术中地理空间特征适应性标准相对较低。主要表现在兵团急需的应重点推广的针对性较强的实用技术：如养殖小区规范化生产技术、高产奶牛繁育与规范化饲养技术、优质牛（羊）肉生产技术、全株玉米青贮及秸秆利用技术、草原鼠虫害防治技术、重大动物疫病综合防治技术等还没有引起重视，也没有得到很好推广应用。只有通过继续完善兵团畜牧业技术体系内容，加快推广运用，才能对畜牧业发展起到重要的支撑作用。

通过对兵团农业技术体系的可持续性评价，可以看出，兵团农业技术对促进农业发展起到积极的推动作用，但从农业技术体系本身及农业技术推广应用实际过程来看，兵团农业技术总体上还是以追求效率与效益标准和地理空间特征适应性标准为主要目标，在考虑环境和产品安全标准和伦理标准这两个方面相对欠缺，也就是说，兵团现有农业技术体系还不完全符合可持续农业技术体系的标准。兵团农业要走可持续发展之路，必然要依托可持续农业技术作为支撑。因此加快推进兵团可持续农业技术创新，建立兵团可持续农业技术体系，是当前急需要研究的重要课题。

第五章　兵团可持续农业技术创新目标、方向和重点

从上一章兵团可持续农业技术创新的背景分析可知，可持续农业技术创新是兵团实现农业可持续发展的必然选择。而针对兵团农业技术创新存在的问题和矛盾确立兵团可持续农业技术创新指导思想、基本原则、目标方向和重点，是研究兵团可持续农业技术创新问题的重要内容和前提条件。

5.1　兵团可持续农业技术创新指导思想和基本原则

5.1.1　兵团可持续农业技术创新的指导思想

兵团可持续农业技术创新的指导思想是：以科学发展观为指导，将兵团建成全国可持续农业技术的示范推广基地、农业现代化的示范基地、农业可持续发展的示范基地作为根本目标，推进兵团农业新的科技革命，建立现代可持续农业技术体系，实现技术跨越，实现兵团农业发展由注重数量向更加注重经济、生态和社会效益的根本性转变。既要加大兵团对可持续农业技术创新的投入力度，又

要充分发挥市场机制的作用，建立政府主导型的可持续农业技术创新体系；既要适应世界可持续农业技术创新的发展趋势，又要结合兵团实际，加速可持续农业技术的组装配套和推广；既要努力提高可持续农业技术自主创新能力，又要积极引进和消化吸收国外先进的可持续农业技术与经验，缩小兵团农业科技与先进国家的差距；既要统一规划避免重复，提高可持续农业技术创新的效率，又要充分调动兵、师、团以及职工的积极性，运用可持续农业技术提升兵团农业可持续发展能力，实现兵团农业发展的经济效益、社会效益和生态效益的统一，全面促进兵团农业持续发展。

5.1.2 兵团可持续农业技术创新的基本原则

笔者认为，兵团可持续农业技术创新应遵循以下四条原则。

1. “三个持续性”协调统一的原则

兵团农业系统内部的组织、结构、功能变化决定农业系统的可持续性态势，主要表现为“三个持续性”：即经济持续性、生态持续性及社会持续性。经济持续性关注团场承包职工经营的长久利益，着眼于技术的生产率与产量，而不是自然资源本身，生产量与经济均衡性是技术选择的重要标准；生态持续性强调农业生产中生物—自然过程及生态系统生产力与功能维持能力，技术配置上要求努力保护农业资源，尤其是稀缺资源的数量与质量，把现代农业技术对资源环境系统的胁迫或损害降到最低程度；社会持续性主要考虑团场发展的基本物质需求与人们日益增长的文化需求，同时要考虑同代人之间、不同代之间的资源公平、利益公平，以及当前与未来发展的公正与平等。兵团可持续农业技术创新只有实现上述“三个持续性”的协调统一，才能确保兵团农业可持续发展。

2. 农业高新技术全面渗透与应用的原则

主要包括两层含义：一是农业高新技术全面渗透的原则。农业高新技术主要是生物技术，其次是信息技术和核技术。这些高新技术的出现和发展，使农业技术已经发生了根本性的变化。人们不仅可以利用基因工程等高新技术改良现有的农作物品种，而且可以根据自己的意愿创造新的动植物品种。因此，从根本上讲，未来农业发展的方向和规模是以生物技术为核心的现代农业高新技术所决定的。农业高新技术对地球资源和原料依赖的有限性使它为人类开辟了近乎无限的发展潜力，农业可持续发展也将在这些技术突破的不断推动下得以实现。将高新技术应用到兵团可持续农业技术研发中去，能加快推进兵团可持续农业技术创新的进程。二是传统、常规技术与农业高新技术相结合的原则。以生物技术为核心的高新技术创新是农业可持续发展的主要技术支撑和依赖，也是可持续农业技术创新所应选择的最优轨迹和路线。但这并不说明农业高新技术创新就等同于可持续农业技术的创新，如一些高新技术虽然使农产品在产量上获得成就和突破，但由于对人类健康或环境造成无法避免的伤害，而最终被人类遗弃。同样，也并不意味着可持续农业技术创新内容只包含高新技术，而将常规农业技术和传统农业技术完全排除在外，弃之不用。事实表明，可持续农业技术创新是传统农业技术、常规农业技术和高新农业技术创新的一个集优过程，它有效地吸纳了高新技术的“先进”、常规技术的“高效”和传统技术的“环境可行性”的技术优点，抛弃了三者的缺点，也使自身获得了应用于农业生产实践的生命力。因此，兵团可持续农业技术创新应坚持传统、常规技术与农业高新技术相结合的原则。

3. 自主创新与国内外引进、合作创新相结合的原则

由于农业生产本身受当地不同资源条件的约束，导致不同地区具有不同的农业生产特点，致使不同地区的作物品种、布局和栽培技术措施不尽相同。因此，这要求兵团可持续农业技术创新必须是建立在符合兵团农业生产的特点基础上，充分考虑社会效益和生态效益的原则下进行自主创新，这是兵团农业的区域性特征所决定的。另外，只有坚持自主创新才能使可持续农业技术创新成果更加适用于兵团农业生产实际，更好地推动兵团农业可持续发展。但是由于受农业科技创新资源和体制等多方面的影响，某些可持续农业技术不是通过自主创新就能够获得的。因此，通过从国内外引进适宜兵团农业生产的可持续农业技术，通过本土化改造创新成为适宜兵团的可持续农业技术也是非常必要的。再者，在从国内外引进适宜技术的同时，考虑兵团自身创新能力的局限性，兵团可持续农业技术创新还应坚持走国内外合作创新之路，不断吸收国内外最新创新成果，从而实现兵团可持续农业技术创新的突破。

4. 因地制宜与整体推进相结合的原则

可持续农业技术创新本身是个复杂的系统工程。兵团农业主要集中在 14 个师，174 个农牧团场，地理位置分布较广，遍布天山南北。各师由于气候、土壤、经济社会条件的差异，都形成了具有当地特色的作物品种及相应的技术体系。兵团可持续农业技术创新应根据各师自身的农业生产特点确定创新方向和重点，因地制宜，突出自身特色，不搞“一刀切”。在各师逐步推进的同时，应统筹兼顾，注重全兵团可持续农业技术创新的整体推进。

5.2　兵团可持续农业技术创新目标和需求预测

5.2.1　兵团可持续农业技术创新目标

兵团政委聂卫国在兵团科学技术大会上所做的《认真实施科技规划纲要　坚定不移地走自主创新道路　为建设创新型兵团而努力奋斗》（2007 年 3 月 22 日）报告中指出，“通过对优先领域的部署、战略重点的攻关和重大专项的实施，力争在兵团主要产业和重点产品上攻克一批重大关键技术，在事关兵团经济和社会发展全局的重点领域和关键行业实现‘五个突破’，即：以科技创新为切入点，在加快推进农业产业化上实现突破。要以兵团农业现代化为目标，围绕加快推进农业产业化‘6221 工程’① 的重大决策，在主要农作物新品种培育、优质高效生产、精准农

---

① “十一五”期间，为进一步加快推进农业产业化进程，兵团实施“6221”工程，具体是指着力做大棉业、糖业、酒业、果蔬业、畜牧业和制种业等 6 大支柱产业，着力打造 20 家年销售收入超过 10 亿元、利润超千万元、关联度高、带动力强的农业产业化龙头企业，创建 20 个以上自治区或全国的知名品牌，建设棉花、粮食、糖油、番茄、葡萄、香梨、干果、牛羊肉、奶牛和饲草料等 10 大农产品基地。

业技术体系创新与信息化、特色林果园艺技术、畜禽规模化高效养殖、动植物重大病虫害防治、环保型生物农药、肥料研制、农业资源高效利用和生产过程的节本增效等重点环节，攻克一批农业持续发展急需的关键技术和难题，大幅度提高农业的综合生产能力和整体竞争力，为加快推进兵团农业产业化、全面提升农业现代化水平提供技术支撑”[①]。这一目标基本反映了兵团新时期农业和农场发展对农业科技创新的客观要求。根据这一目标框架的总体指导，笔者认为，兵团可持续农业技术创新的近期目标可以确定为：

（1）以实现兵团农业现代化为目标，加大可持续发展和“科教兴兵团”战略实施力度，发展以改善环境为主题的生产效益型、资源节约型、环境保护型、食物安全型的可持续农业技术创新体系，促进兵团人口、资源、环境的协调发展。

（2）着重以大幅度提高兵团农业综合生产能力和竞争力为主的农业技术创新，重点研究开发直接应用于农、林、牧、渔生产，有效提高单产、农业综合生产能力和竞争力的关键技术，大幅度提高农产品产量，确保兵团农业可持续发展目标实现。

（3）注重以提高农产品品质、降低成本、增强市场竞争能力为核心的优质农业技术创新，尽快改变兵团目前优质农产品数量少、市场竞争力不强的状况，适应加入

① 聂卫国：《认真实施科技规划纲要　坚定不移地走自主创新道路　为建设创新型兵团而努力奋斗》，2007 年 3 月 22 日，在兵团科学技术大会上的讲话。

WTO 后对兵团农业国际竞争力的要求。

（4）针对提高兵团职工收入，扩大内需的需求，开展加快推动以实现农业产业化为目标的高效农业技术创新，着眼于农业资源高效利用、农产品附加值提高等方面，开发新技术，开拓新产业、实现职工增产、增收与农业可持续发展协调同步的目标。

（5）迎接知识经济和世界性农业科技革命的挑战，开展以农业生物技术、信息技术为重点的高新技术创新。以高新技术促进农业科技进步，基本实现兵团食物安全、农业经济安全、资源环境安全的农业可持续发展目标。

5.2.2　兵团可持续农业技术创新需求预测

兵团农业已经进入一个新的阶段，但目前来看农产品质量不够高、效益低、职工增收难度大、团场生态环境恶化等问题已经凸显，农业可持续发展面临着经济、生态和社会协调发展失衡、资源环境脆弱、技术持续支撑能力不足等问题。因此，加快调整兵团农业产业结构、创造就业机会、增加职工收入、保护并改善农业生态环境，对可持续农业技术创新提出了十分明确、迫切的要求。兵团农业可持续发展的根本出路在于可持续农业技术创新，现有的农业技术创新很难满足农业可持续发展的需求。根据农业可持续发展的需求来确定兵团可持续农业技术创新的方向和关键技术领域，是保证兵团可持续农业技术创新具有现实性、实用性、明确性的基本工作。参照《中国农业技术预测与关键技术选择》（2006—2020）研究课题组关于农业领域的研究报告，通过专家推荐、部门筛选、综合打分排序等筛选的中国农业领域未来 10 年内应优先发展的 20 项关键技术（表 5－1）内容，这些项目基本反映了我国未来 10 年农业可持续发展对技术创新的需求。

表 5－1 中国未来 10 年农业领域综合指数排名前 20 项技术

位次	编号	项目名称
1	1011	主要农业植物高产优质多抗新品种选育
2	1012	主要农业动物高产优质特色新品种选育
3	1061	畜禽重大及传染性疾病疫苗和快速检测诊断试剂技术
4	1013	主要农业动植物资源节约型新品种选育技术
5	1069	农产品质量与安全控制技术
6	1027	动物疫病防制的高新技术和关键技术研究
7	1006	具有重要利用价值的农业生物资源种质创新技术研究
8	1063	食品生物技术
9	1101	城乡废弃物资源化利用技术
10	1106	生物质能源技术研究
11	1070	农产品质量检测技术
12	1067	农产品贮藏、保鲜技术
13	1021	动植物杂种优势机理研究与利用技术
14	1005	农业生物资源重要经济性质功能基因高效发掘技术研究
15	1018	动植物快速繁殖与细胞工程技术
16	1099	农业面源污染特征及控制关键技术研究与示范
17	1008	特有和重要农业生物资源分布和利用价值的系统调查
18	1009	新型肥料技术升级研究
19	1062	水产及海洋生物药物技术
20	1042	抗旱节水作物品种精准鉴定、筛选与利用

资料来源：《中国农业技术预测与关键技术选择》（2006—2020）研究课题组，2007。

根据《兵团中长期科学和技术发展规划纲要（2006—2020 年)》，结合兵团农业实际，笔者在走访了兵团科技局、农业局、发改委、石河子大学、各师、团场等主要部门领导和专家的基础上，开展了德尔菲（DelPhi）调查与高级专家座谈研讨。在此基础上，笔者分析归纳兵团应在以下领域（表 5－2）进行可持续农业技术创新，若能够成功实施，将基本解决兵团农业可持续发展面临的技术障碍问题。

表 5－2　兵团未来 10 年农业领域 20 项主要技术预测

位次	项目名称
1	主要农作物品种培育、材料创新及种子产业化
2	主要农作物病虫草鼠灾害可持续控制的关键技术
3	主要流域水土流失综合防治关键技术
4	棉油农产品贮藏保鲜及深加工技术研究与开发
5	主要农作物（特色林果园艺）超高产耕作栽培技术体系研究
6	农业生态环境气象保障及人工影响天气调控技术
7	农作物主要经济性状生物工程与实用化技术
8	动植物主要病虫害可持续控制技术
9	农业高效用水综合技术研究、设备开发及产业化
10	畜、禽、水产品储藏保鲜及深加工技术研究与开发
11	土地荒漠化草地资源退化综合防治与可持续经营合理利用技术
12	农场生态环境保护及水污染防治技术
13	公益林可持续经营管理和植被恢复技术
14	新型农业生物制剂研究与开发（农药、兽药、肥料及生长调节剂）
15	精准农业技术体系创新与信息集成技术及其产业化
16	畜禽新品种选育与规模化高效养殖技术

（续）

位次	项目名称
17	新型环保型生物肥料、农药研制、高效利用及土壤培肥技术
18	主要农作物生产机械化技术及关键农机具的研制与开发
19	饲料资源开发、添加剂及配合饲料生产技术研究
20	果品、蔬菜及特种经济植物质量安全检测控制和贮藏保鲜加工技术

5.3 兵团可持续农业技术创新方向和重点

5.3.1 兵团可持续农业技术创新的总体方向及关键领域

1. 总体方向

表 5－2 的预测结果反映出兵团近期内可持续农业技术创新趋势是在继承和发展兵团农业技术精华的基础上，强调传统技术与现代技术的结合，常规技术与高新技术结合，生物技术与工程技术互相补充，从而形成可持续农业技术体系。对表 5－2 中 20 项关键技术的分析和归纳，可以总结出兵团未来 10 年可持续农业技术创新的总体方向：

（1）农业生物工程、信息化技术和其他高新技术。生物工程与农业信息技术等高新技术将成为新时期农业现代化的重要内容，它们将在克服重大非持续性因素方面做出突破性贡献。生物工程技术主要包括：运用转基因手段培育抗病、抗虫、耐盐碱等多抗或双抗型植物新品种；开发生物疫苗、生物肥料、生长调节物质等生物技术产品。农业信息化技术即实现农业的智能化、网络化技术，主要是利用全球定位系统和遥感系统以及地面生物、环境信息监测技术等，在农业生产过程中实时采集作物发育信息、土壤水分、养分和气象等有关信息，输入计算机系统进行存贮、处理，以便为农业生产决策和生态环保等提供科学依据。表5-2中提到的第1项、第14项、第15项、第17项技术就属于这类技术。

（2）常规式可持续农业高产技术。该类技术主要以提高单产（单位土地、水域或畜禽个体的产出）为主攻目标，在集约化投入和科学管理条件下，达到高投入高产出高效率的持续性目标。如表5-2中提到的“主要农作物（特色林果园艺）超高产耕作栽培技术体系研究”和“畜禽新品种选育与规模化高效养殖技术”等。

（3）节约低耗型高效农业技术。针对兵团水资源紧缺、利用率低，以及化肥和农药利用率低、污染严重，农业生产成本高等因素，发展生物和工程节水技术体系、新型化肥、农药技术等，目的在于在一定限度内，尽可能减少农业系统外部投入物质（水、化肥、农药、劳力等）使用量或提高其利用率，以减轻环境压力、降低投入成本、减少职工经营负担，同时还能达到高产持续的目标。表5-2中提到的第8项、第9项、第14项、第17项技术就属于这类技术。

（4）资源改善与环境保护技术。这类技术主要面向整个兵团土地资源开发、治理、保护开展工作，解决保护农田土地数量以及不断提高其质量以满足持续高产的需要。重点以耕地、草原、荒山荒坡、森林等土地资源的合理开发与保护为重点开展研究与开发工作，形成新的农业和农场经济增长点。如表5-2中提到的主要流域水土流失综合防治关键技术、土地荒漠化草地资源退化综合防治与可持续经营合理利用技术、农场生态环境保护及水污染防治技术、公益林可持续经营管理和植被恢复技术等。

（5）资源多级循环与再生利用技术。这类技术在生产实践中多不易引起人们的关注，其原因在于人们尚未认识到运用生态学原理和资源经济学原则来指导农业可持续发展的重要性。今后应加大这一技术方向的研究力度，推广适用技术。如表 5－2 中提到的棉油农产品贮藏保鲜及深加工技术研究与开发，果品、蔬菜及特种经济植物贮藏保鲜加工技术及产业化等。

2. 关键领域

根据国际国内农业科技发展趋势，结合兵团农业具体情况，围绕加快兵团推进农业产业化的“6221 工程”，应在以下农业科技关键领域重点创新。①

（1）以遗传育种及高产栽培为主要内容的生物科学技术。重点选育棉花（杂交棉选育及育苗移栽技术）、小麦、玉米、甜菜、马铃薯、加工番茄、牧草及具有新疆特色的瓜果、蔬菜，奶牛、肉羊等专用、优质、高产、多抗动植物新品种，并研究与之相配套的优质、高产、高效栽培（高效养殖）模式。

（2）以农副产品加工转化、保鲜和贮藏为主要内容的农产品增值科学技术。重点在棉花副产品加工，小麦、玉

① 齐晓辉等．我国可持续农业技术创新问题研究——以新疆建设兵团为例［J］．科技进步与对策，2009（12）：72－73。

米、甜菜、马铃薯、加工番茄等深加工，特色果蔬产品深加工、保鲜等方面取得增值技术新突破。

(3) 以环境优化、使用安全、低毒、无毒和生物化为主要发展方向的环保型生物农药生产技术和以长效缓释、养分平衡和环境良好为主要特征的肥料生产技术。

(4) 以测土诊断配方施肥或肥水自动配给为主要内容的肥料施用技术和以自动节水灌溉装备关键技术为主要内容的水资源高效利用技术。

(5) 以土壤综合改良技术、水土保持技术、低产土壤培肥利用技术、荒地利用以及废弃土地复垦技术为主要内容的耕地保护与中低产田改良技术。

(6) 以现代工程技术改善农业生产条件的精准施肥、精准种子、精准播种、精准灌溉、精准收获和精准监测六大精准农业技术体系与信息化建设。

(7) 利用“3S”技术和兵团智能化农业信息网络平台，以及现有防灾、植保和病虫害测报系统，通过信息共享、在线咨询、专家服务和计算机智能化服务等手段，研究兵团农业防灾减灾和动植物重大病虫害预警系统和生物防治技术。

5.3.2　兵团可持续农业技术创新的区域方向及重点

农业技术创新具有典型的区域性特点，不同地区农业发展对可持续农业技术的需求不同。兵团 14 个师 174 个农牧团场分布在新疆天山南北，地域分布十分辽阔，区域之间差异极大。这种差异不仅表现在不同区域以自然条件为基础的生产力和生产方式的差异，也表现在环境和资源问题的差异。兵团可持续农业技术创新必须适应这一特征，针对不同生态类型区的农业资源特点和生产条件确定不同的方向和重点，进行农业综合配套技术创新，以适应区域农业发展的需要。按照兵团各师分布特点及农业区域划分，笔者将兵团划分为西疆地区（四师、五师）、北疆地区（九师、十师）、南疆地区（一、二、三、十四师）、天山北坡区（六、七、八师）、城郊区（十二、十三师）等五个不同农业区域。根据各个区域的自然条件、技术现状及未来的发展需要，在参考有关专家对农业领域技术预测结果的基础上，确定了五大农业区域的可持续农业技术创新的方向和重点（表5-3）。

表5-3　兵团不同区域可持续农业技术创新的方向和重点

区域	兵团各师	主要特色	可持续农业技术创新的方向和重点
西疆地区	四师 五师	棉花、玉米、小麦、甜菜和饲草基地	（1）棉花、玉长、小麦、甜菜、饲草的高产优质栽培和贮藏、转化、深加工技术 （2）畜牧业规模化高效养殖技术
北疆地区	九师 十师	畜牧基地	（1）畜禽新品种选育及规模化高效养殖技术 （2）畜、禽、储藏保鲜及深加工技术研究与开发 （3）主要农作物病虫草鼠灾害可持续控制的关键技术 （4）畜禽主要病虫害可持续控制技术 （5）饲料资源开发生产技术
南疆地区	一师 二师 三师 十四师	优质棉花、水果基地	（1）主要农作物超高产耕作栽培技术 （2）农业高效用水综合技术研究、设备开发及产业化 （3）果品、蔬菜及特种经济植物贮藏保鲜加工技术及产业化 （4）主要流域水土流失综合防治关键技术

（续）

区域	兵团各师	主要特色	可持续农业技术创新的方向和重点
天山北坡区	六师 七师 八师	优质棉花、甜菜、水果和畜牧基地	（1）主要农作物育种、材料创新及种子产业化 （2）农业高效用水综合技术研究、设备开发及产业化 （3）主要农作物生产机械化技术及关键农机具的研制与开发 （4）棉油农产品贮藏保鲜及深加工技术研究与开发 （5）畜、禽、水产品储藏保鲜及深加工技术研究与开发
城郊地区	十二师 十三师	优质蔬菜、水果基地	（1）果品、蔬菜及特种经济植物贮藏保鲜加工技术及产业化 （2）新型肥料研制、高效利用及土壤培肥技术 （3）农产品质量安全检测与控制技术

第六章　兵团可持续农业技术创新动力机制

技术创新动力机制问题是可持续农业技术创新理论研究中的一个十分重要的问题。我国农业技术创新实践证明，要推动我国农业可持续发展，关键是要加快推动可持续农业技术创新。而现实情况是，可持续农业技术创新动力不足在一定程度上已经制约了我国农业技术的进步。因此，进一步研究可持续农业技术创新的形成过程，剖析影响可持续农业技术创新各种因素的相互关系，构建一个比较完整的可持续农业技术创新动力机制模型，用来分析兵团可持续农业技术创新动力机制问题，不仅具有重要的理论意义，而且具有重大的现实意义。

6.1　可持续农业技术创新动力机制构成要素

可持续农业技术创新动力机制是指推动可持续农业技术创新所必需的动力的产生机理，以及维持和改善这种作用机理的各种动力要素所构成的组合系统。按照可持续农业技术创新动力的来源和作用方式，可将可持续农业技术创新动力机制的构成要素划分为三个层次，即微观主体要素、动力要素和宏观环境要素。下面做详细分析。

6.1.1　可持续农业技术创新微观主体要素

可持续农业技术创新的微观主体包括农业科研机构、农业技术服务中介推广机构、农业企业（农户）等。创新活动的顺利组织开展和实施，要求这些创新主体必须具备一定的激发创新活动开展的内在动力。这种内在动力主要来自于可持续农业技术创新主体的利益目标、创新能力和所拥有的创新权力，这些构成了相应的微观主体要素，即：利益要素、能力要素和权力要素。

（1）利益要素。创新利益是可持续农业技术创新主体追求的重要目标。任何一项创新活动都有其明确的利益目标，创新利益是驱使创新主体不断创新的原动力。创新利益的大小具有诱导和激励创新主体从事技术创新的双重功能。比如农业科研机构在选择一项创新活动时，首先可能考虑的是创新成果的预期收益，创新成功后，创新的利益会激励农业科研机构继续创新，其他创新主体在创新利益的驱动下也会加入创新行列。

（2）能力要素。指可持续农业技术创新主体在创新过程中，整合各种资源获得创新收益的实力和能力。在创新目标和创新利益确定后，创新能力至关重要，它决定创新主体的目标能否实现。没有创新能力，再好的创新要求只能是美好幻想，具备创新能力的创新要求才具有现实性。创新能力主要包括：创新决策能力、创新技术能力、信息能力和资金能力，其中资金能力是创新活动得以实现的关键。

（3）权力要素。指可持续农业技术创新主体拥有的创新自主权力。创新自主权力是有效组织创新活动，充分调动创新主体创新积极性和主动性，并获得较好创新收益的基本要求，没有创新自主权力，创新活动就无法实现。从现实状况看，按照现代企业制度要求将所有权与经营权有效地分离，是落实可持续农业技术创新主体创新权力的关键所在。

6.1.2 可持续农业技术创新动力要素

可持续农业技术创新活动实质上包括新技术的研发、新技术推广应用和新技术的市场实现三个主要过程。在整个创新过程中，需求拉引力、技术推动力、政府推动力这三个基本力量因素作用于创新主体并与其内在创新需求结合，成为影响创新行为产生的现实力量。

（1）需求拉引力。需求拉引力主要来自两个方面：一是就技术需求主体而言，农业在不同的发展时期，不断变化的社会和市场需求本身对其不断提出新的要求，这种要求迫使技术需求主体产生对技术的强烈需求，从而成为拉动可持续农业技术创新的力量。二是就技术供给主体而言，表现为技术需求对技术供给的诱导力。对于可持续农业技术创新活动来说，需求拉引力发源于农业企业（农户）在农业发展过程中通过市场竞争后，为了确保不断发展壮大而表现出对新技术的强烈需求。

（2）技术推动力。技术推动力主要来自两个方面：一是科学技术发展本身推动着将技术发明转化为现实生产力。二是技术成果产生后，技术供给本身会导致技术需求的推动力。技术推动力发源于农业科研机构，农业科研机构通过研究将技术发明转化为农业技术成果，从而转化为现实生产力，这只是技术推动力的一面。另外，农业技术成果产生后，会促进技术需求的产生，这就是技术供给导致技术需求的推动力。

（3）政府推动力。虽然技术创新的动力及其起源离不开技术推动和需求拉动，但政府在其中发挥着举足轻重的作用。政府对社会、科技、产业和区域发展的规划，以及制定关于科技规划、产业规划及促进其快速发展的政策和法律法规，都可能成为启动技术创新的有效手段。实践证明，技术推动力、需求拉引力以及政府启动三者共同作用是导致成功的技术创新活动的重要因素。

6.1.3　可持续农业技术创新宏观环境要素

可持续农业技术创新宏观环境要素是指在可持续农业技术创新所处的环境中，促使创新动力形成和增强并影响创新动力相互作用的各种外部环境。主要包括：经济环境要素、社会环境要素和人文环境要素。从经济学角度看主要包括制度环境、政策环境和市场与法制环境。①

6.2　可持续农业技术创新动力机制分析模型

6.2.1　可持续农业技术创新动力机制分析模型构建

从技术创新主体和创新过程的角度来看，构成技术创

① 邵建成．中国农业技术创新体系建设研究［D］．杨凌：西北农林科技大学，2002年。

新动力系统中三个最基本的动力要素是：政府推动力、技术推动力和需求拉引力，动力来源分别为政府、研究开发机构和农业企业（农户），三种动力之间相互作用决定了可持续农业技术创新的合力状态、行为特征和创新速率与效果。从理论上讲，政府具有雄厚的财政资金和强大的组织宏观调控能力，可以为技术创新提供良好资金保障、政策环境和坚强的政府策动力，但承担一定的技术创新风险；研究开发机构在人才资源、技术设备和技术开发能力上具有较强的优势，可以形成促进技术创新的强大推动力；农业企业（农户）依据产品在市场竞争中的要求，则具有较强的创新需求和愿望，能切身感受到市场需求的拉引力。政府、研究开发机构和农业企业（农户）是相互联系和相互作用的：农业科研基础是由政府与研究开发机构相互合作相互作用产生的；研究开发部门与农业企业（农户）的密切合作通过技术成果应用于农业企业（农户）会形成新的生产力，给农业企业（农户）带来较好的效益；政府主要通过制定相关创新政策和创造宽松的环境，激励创新主体的供给与需求。以上三者的协同作用域就是技术转化为现实生产力的技术创新实现域，实际体现了技术创新的过程本质上是必须同时满足技术、经济、社会效益的三项集优过程。另外，技术创新动力要素与环境之间也存在着相互作用，这种相互作用决定了技术创新系统的动态性和发展性。图 6－1 构建了可持续农业技术创新动力机制分析模型。

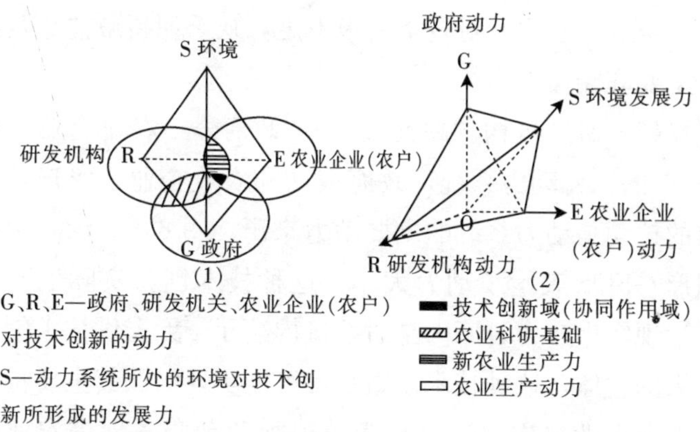

图 6-1　可持续农业技术创新动力机制分析模型

6.2.2　可持续农业技术创新动力机制模型分析

从系统论的观点考察来看，可持续农业技术创新动力系统是个有机整体，各动力要素是相互联系和相互制约的，其中任何一个动力要素的“缺元”，都会对可持续农业技术创新动力造成影响。总体而言，动力“缺元”情况主要有以下三种：

(1) 农业企业（农户）动力“缺元”。即形成“政府——研发机构”的二元动力系统，系统动力来源于政府的策动和研发机构的推动，图 6-2 (1) 中的图形 GROS 表示了动力大小。它形成的主要原因是因为农业企业（农户）的弱小，如技术资金少，创新能力弱等，而相比政府的创新能力强大。我国可持续农业技术创新动力系统就处于这种二元创新动力结构中。技术创新市场机制还没有形成，市场拉动不足，供需脱节，农业科技成果转化率低和农业企业（农户）对技术需求不足，缺乏创新激情是其两个主要弊端。

（2）研发机构“缺元”。即“政府——农业企业（农户）”的二元动力系统，政府策动和农业企业（农户）需求的拉动是动力系统的主要动力来源，图 6－2（2）中的图形 GEOS 表示了动力大小。这种技术创新实际上不能产生现实生产力，原因是研发机构缺元，无提供技术创新成果的主体，这种技术创新是不可能实现的。其主要特征是农业企业（农户）是靠简单追加劳动资本促进农业发展，而无先进的技术支撑，农业经济只能呈现粗放外延式增长。现实情况下这种技术创新动力系统不可能存在。

（3）政府“缺元”。即“研发机构——农业企业（农户）”二元动力系统，系统动力主要依靠技术推动和需求拉动，图 6－2（3）中图形 REOS 表示动力大小。这种动力系统在现代资本主义国家较为普遍，我国不可能存在。其特征为创新成果过度重视经济效益最大化而忽视社会效益，易导致环境污染、生态失衡、市场秩序混乱和不正当竞争行为等社会问题。

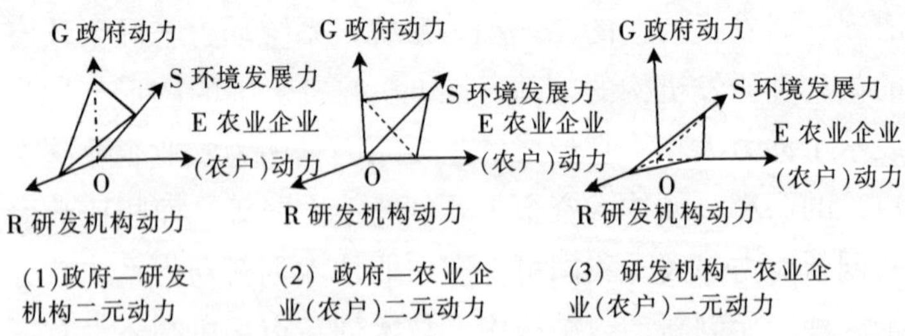

图 6－2　可持续农业技术创新二元动力系统示意图

6.2.3　可持续农业技术创新三元协同动力机制的建立

从6.2.2节的分析可以看出，从系统学理论的角度看以上三种二元动力系统都属于远离平衡态的不稳定系统结构。因此，为寻求系统的平衡，技术创新主体系统会通过自组织，使系统内部各要素逐步趋于平衡状态，从而形成稳定的三元动力结构系统。图6－1（2）中的图形GRE-OS表示了三元动力结构的动力大小，可以看出三元动力结构是在政府策动的情况下，由技术推动和市场拉动协同而形成的。

图6－3完整显示了政府、研发机构和农业企业（农户）三元动力协同作用下的可持续农业技术创新过程。实际上，在三元动力系统中，内部系统要素的充分协同作用可以协调各方的矛盾，求得整体的同一性，从而调动系统内各要素的积极因素，使各方面产生互补效应，最终减少对外界环境的依赖，降低外界环境资源的消耗，从而增大技术创新实现的可能性和优势。就技术创新的实践来看，

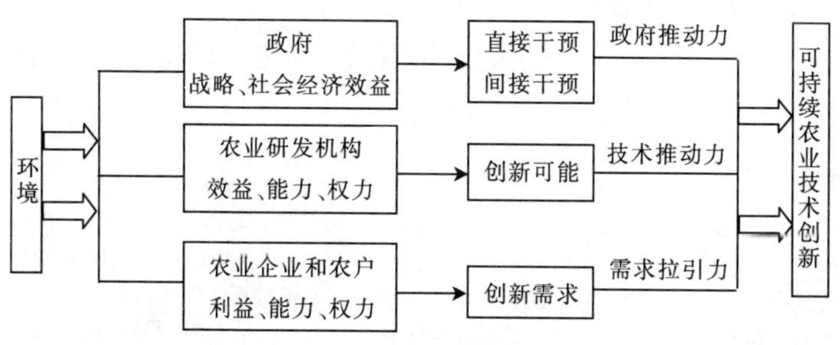

图6－3　可持续农业技术创新三元协同动力机制作用示意图

创新系统各动力要素的协同已经是一种趋势，协同在某种形态下实际上表现为创新主体系统及动力要素之间的整合。20 世纪 20 年代以来独立研发机构和独立发明者都在不断减少，研发机构与企业合作共建重点试验室不断增多，这一现象验证了技术创新动力要素协同和整合的趋势。此外政府与企业、政府与研发机构之间不同形态的协同趋势也在不断加强。

6.3 兵团可持续农业技术创新动力机制分析

6.3.1 兵团可持续农业技术创新主体要素

可持续农业技术创新主体的是由多种要素构成的，主要包括：政府、农业科研机构和科研院（校）、农业技术服务中介机构、农业企业（农户）。根据可持续农业技术创新主体的构成，笔者认为，兵团可持续可持续农业技术创新主体包括：

(1) 兵团“准政府”[①]。作为可持续农业技术创新的重要主体，政府是创新活动的主要参与者。其主要以引导者、组织者、政策制定的供给者的身份参与创新活动，从而为创新活动营造一个适宜的、有利于技术创新的政策和

---

① “准政府”是学术界研究兵团问题引入的概念。之所以称兵团为“准政府”，是因为兵团是一个党、政、军、企合一的特殊社会组织，在兵团所管辖的范围内，行使着特殊的社会管理职能。按中央关于对兵团性质的界定，兵团并非一级政府，受中央政府和新疆维吾尔自治区人民政府双重领导，在管辖区内行使自己的职能，但现实情况是兵团在管理自身事务时，确实履行着政府的职能，因此大多学者将兵团称为“准政府”。在此笔者将这一概念引入可持续农业技术创新问题研究。

法律环境，推动可持续农业技术创新的发展。由于兵团是一个党、政、军、企合一的特殊社会组织，并非一级政府，但兵团在管理自身辖区范围内的社会事务时，又确实行使了政府职能，所以将学术界称兵团为“准政府”的概念引入可持续农业技术创新中。兵团“准政府”作为技术创新主体主要通过兵团、各师、团场的科技职能部门和其支持的农业高等院校和农业科研院（所）的技术创新来体现。

（2）农业高等院校和农业科研院（所）。兵团“准政府”支持的农业高等院校和农业科研院（所）是可持续农业技术创新的主要源头，是农业科技成果的主要供给者，承担着兵团重大农业科技项目的研究与开发任务。现阶段乃至今后一定时期内，农业科研机构仍将是兵团可持续农业技术创新的主力军。兵团“两校一院”（石河子大学、塔里木大学和新疆农垦科学院）和各师所属的农科所应该成为兵团可持续农业技术创新的主力军。

（3）涉农科技企业。主要指以从事和推动农业新技术和新产品开发为主业，在这些领域投入大量的人力、物力和财力，主要依靠企业自身的研究开发能力，形成科技成果或吸收外来的成果进行后续技术开发和产品开发，形成可持续农业技术和产品规模生产的企业。兵团现有的新疆天业（集团）有限公司、新疆康地农业技术发展有限公司就属于此类。

（4）农业技术推广中心（站）。主要指兵团从事农业技术推广服务的中介服务组织。长期以来，兵团已形成自上而下的完整的兵团四级农业技术推广体系，具体包括兵团农业技术推广总站→各师农业推广中心→各团场农业推广站→连队技术员为主体的四级农业技术推广网络，在兵团农业技术推广中发挥着重要作用。

（5）农牧团场（职工）。农牧团场（职工）是农业技术成果的主要采用和受益者。由于受自身素质的影响，一般不具备对现有使用技术的再创新能力。但在农牧团场（职工）中，一些农牧团场或科技示范户为谋求经济效益最大化，同时本身又具有创新意识和创新能力，他们在农业技术成果的使用中存在对农业技术进行改良和创新的二次开发行为，这本身也是由于农业科技成果地域性强、差异大等特点所决定的。而这种经常性的技术再创造本身就是又一次的技术创新过程。因此，农牧团场或科技示范户这种技术再创造行为使其成为可持续农业技术创新的一个主体。

6.3.2 兵团可持续农业技术创新动力机制变迁分析

兵团可持续农业技术创新模式的变迁同兵团经济体制改革的不断深化紧密相连，主要经历了以下两个阶段：一是在兵团高度集中的计划经济体制下，可持续农业技术创新的主要方向由兵团准政府的意愿和偏好决定，创新动力来自于兵团准政府的行政推动。二是在兵团计划经济逐步向市场经济转轨的阶段，市场需求对农业技术创新方向起到一定的决定作用，但由于受兵团特殊体制影响，传统的行政推动模式向有限市场化诱导动力模式转变过程还相当缓慢。

1. 兵团传统的行政推进动力机制分析

1978 年以前，兵团农业技术创新动力机制的主导模式是行政驱动模式，这种模式主要体现在这一时期兵团准政府主要运用行政手段，将农业科技植入农业经济。其运行过程如图 6－4：

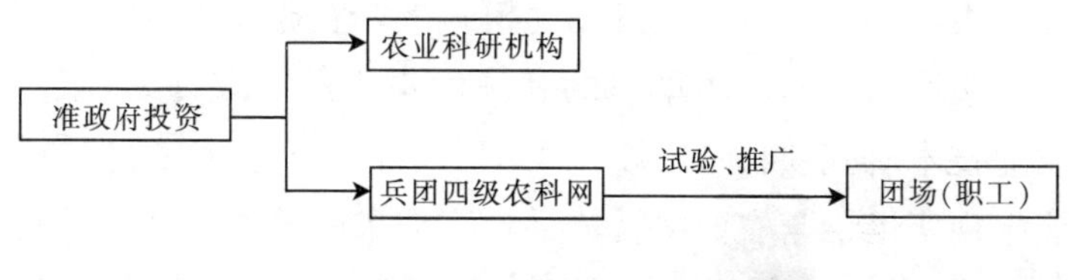

图 6－4　兵团行政驱动模式

依据 6.2.2 节中可持续农业技术创新动力机制分析模型可知，兵团传统的行政推进动力机制属于典型的企业动力“缺元”，即政府—研发机构的二元动力系统，其运行过程为：兵团准政府根据对农业技术进步方向的偏好和国民经济对农业发展的客观需求，加大对农业科研活动的投入力度，形成的农业科技成果，再由兵、师、团、连四级农业推广中心（站）推广到团场（职工）中去。其运行特征有两个：①农业技术创新成果是靠行政推动形成，不考虑赢利目的。科研人员是在接受兵团准政府的委托从事科研活动，形成的科研成果不完全是商品，其劳动不是通过市场，而是通过专家评审系统转化为社会劳动，各级农业推广中心（站）的经费由兵团、各师、团场负担，农业推广中心（站）对下级提供的技术服务是无偿的。②农业技术创新成果采取强制性扩散。兵团团场农业生产中的技术选择和应用基本取决于兵团准政府及各师的偏好，农业科技成果通过兵、师、团、连四级行政渠道直接注入农业生产全过程，技术进步的扩散是强制性进行的，职工缺乏自主选择技术使用的权利。

兵团行政推进动力机制主要有以下三个方面的局限性：一是高度集权的行政推进动力机制易导致其运行效率不高。长期以来，由于缺乏优化农业技术供给结构的内在驱动力，兵团在行政推进动力模式下，农业技术研究资源配置按照兵、师、团单一的和高度集中的行政计划调节，农业技术研究项目考虑职工需求不足，容易导致农业科技成果现实供给与农业科技成果现实需求的偏离，易形成兵团农业科技成果的无效供给。二是兵团农业科研及推广部门本身存在不足。主要原因是由于兵团及团场财力有限，导致农业科研部门经费不足、生活待遇及福利低和工作条件差等问题突出。农业技术推广部门长期处于一穷二弱三不稳的状态。三是不能完全适应兵团农业经营体制的变化。随着兵团农业生产经营体制的不断完善，职工生产、经营的自主权逐步扩大，继续运用行政手段强制推广农业科技成果的难度逐步加大。

2. 兵团有限市场化诱导的动力机制分析

80年代后，随着兵团社会主义市场经济的建立，市场机制对兵团农业技术供给和需求产生了一定程度的作用，传统的行政推进动力机制逐步开始向有限市场化诱导的动力机制转变。这种市场化主要表现在三个方面：一是兵团农业科技成果研发逐步与市场需求接轨，农业技术的有效供给逐步加大。兵团按照市场经济的要求，将市场机制逐步引入科技生产，兵团各农业高等院校（所）开始注重科研活动的经济效益，农业科技成果作为商品开始进入市场，农业科技成果的供给逐步实现从无偿服务转向无偿服务和有偿服务相结合的阶段。二是市场机制开始引入到农业科技成果的转化中，农业推广部门将有偿科技服务和经营服务逐步分离，在一定程度上促进了农业技术创新。其主要做法是采取签订技术承包合同的形式，将农技推广部门与职工（或代表职工的组织）的技术供给和需求的权利、义务及责任固定下来。三是准政府力量弱化，市场机制推动兵团农业技术创新活动开始启动。一种方式是创办农业科技开发公司，以市场为向导，把农业科技生产和销售有机地联结在一起的，开展农业科技成果的研发、技术咨询和服务。第二种方式是由团场的科技示范大户和专业户等能人牵头，以团场专业技术人员为骨干自发组织成立团场专业技术协会。协会具有自愿组合、灵活机动、自我服务等组织特征，有利于促进农业科技的扩散。

按照 6.2.2 节中可持续农业技术创新动力机制模型分析，这一阶段兵团可持续农业技术创新动力机制依然是以行政推进动力为主，市场推动为辅的动力机制模式 ，其本质上是企业动力“缺元”情况下的政府—研发机构二元动力机制模式，向政府—研发机构—企业三元协同动力机制模式转变的一个过渡状态。

6.3.3　兵团可持续农业技术创新动力机制主导模式选择

从 6.2.3 研究结果表明，理论分析的兵团可持续农业技术创新动力机制应该是三元协同的动力机制。但就现阶段来看，笔者认为，在充分考虑可持续农业技术创新特征和兵团特殊管理体制的情况下，兵团可持续农业技术创新动力机制尚不具备实现向三元协同动力机制模式转变的条件，建立准政府主导的动力机制模式仍然是兵团现行体制下的合理选择。兵团准政府主导的动力机制模式，并不排斥市场引导的作用，而是更强调兵团应通过高度集中的行政手段加大对可持续农业技术创新的投入和引导，不断增加可持续农业技术创新的能力。当然，这种准政府主导的动力机制模式不再是单纯的行政推进，而是在充分考虑兵团农业技术市场需求（拉力）和技术发展机会（推力）情况下由兵团科技计划部门来确定重点创新计划，也可以由兵团农业科研机构根据市场需求来确定兵团重大可持续农业技术创新计划，通过向兵团科技主管部门申请，列入国家或兵团重点可持续农业技术创新计划项目资助。选择准政府主导的动力机制模式主要理由是：

1. 准政府依然要发挥其在可持续农业技术创新中不可替代的主导动力作用

这主要基于以下原因：一是由可持续农业技术创新活动的特殊性决定的。这种特殊性主要表现在：兵团农业基础研究和应用研究是可持续农业科技成果研发的前提，而农业基础研究和应用研究是一种公益性的研究活动，兵团准政府理当进行资助和管理；另外由于兵团农业生产的分散性和农业本身自然再生产的特点决定了不可能对可持续农业科技成果进行产权保护，从制度安排上就难以解决可持续农业技术创新中的“免费搭车”问题，加之兵团高度集中的管理模式，造成可持续农业技术创新和扩散活动完全市场化的可能性还难以实现。二是由于兵团特殊的历史使命和地理环境，决定了兵团农业与其他产业相比，外部经济和风险性特征比较明显。就目前来看，兵团发展农业的社会效益比经济效益更加明显，从长远看兵团农场职工农业的边际收入低于非农就业职工的状况难以有实质性改变，通过兵团准政府的公共努力使农业收入还较低的大多数职工，以较低的成本和风险分享技术进步的好处十分必要。基于以上原因，在可持续农业技术创新活动中，其主导动力理当主要来源于兵团准政府。

2. 完全由市场机制决定可持续农业技术创新和成果扩散的条件尚不具备

一是兵团本身处于社会主义市场经济转轨时期，加上兵团体制的特殊性，处理好兵团特殊体制与社会主义市场经济的关系问题还需要相当一段时间，市场机制的完善及作用发挥还要一定的时间，完全由市场机制来决定兵团可持续农业技术创新的整个过程还不完全具备现实条件。二是在现有兵团农业基本经营制度下，主要大宗农产品仍然没有摆脱统购统销的方式，主要大宗农产品价格和农业生产要素的价格还不能完全正确反映资源的稀缺性，发展技术市场的基础条件还不十分完善。由于兵团管理体制及农业生产经营制度的特殊性，转变兵团高成本农业生产方式还需要相当一个过程，市场对资源起配置作用的过程还需时日，这就决定了仍然需要通过运用行政手段来诱导技术创新的扩散，以实现农业持续、快速增长的目的。这种行政推动力当然来源于兵团准政府的实施。

3. 团场职工缺乏对可持续农业技术创新成果的需求拉动力

一是兵团准政府的宏观目标与职工目标存在差异。对兵团准政府而言，实施农业可持续发展战略关注的是整个兵团或社会的生存和发展，必定会以可持续发展的眼光选择有利于提升兵团社会、经济和生态环境的农业技术。对具有经济理性的团场职工而言，势必以利润的大小和成本效益原则作为技术选择标准，这就会将社会效益大而微观效益并不占绝对优势的可持续农业技术排除在可选择的技术集合之外，而选择经济效益好的其他农业技术。二是准政府考虑的成本与职工考虑的成本存在差异。准政府在其技术应用的宏观取向中考虑的是社会收益和社会成本。职工则追求收益最大化，较多考虑的是私人收益和私人成本。在土地资源产权不明晰的情况下，职工对于资源利用的技术采用决策往往是以最小的私人成本获得最大化的私人收益。资源与环境边界，与准政府农业技术应用的宏观取向和可持续发展目标形成较大偏差。以上两方面原因，造成兵团可持续农业技术创新和成果需求不足，企业动力“缺元”现象的产生，从而导致需求动力不足。

第七章　兵团可持续农业技术创新模式

兵团可持续农业技术创新的目标、方向与关键领域技术能否得以实现，在很大程度上要依赖于选择什么样的可持续农业技术创新模式。在兵团现有特殊体制和农业生产管理模式下，要在充分借鉴现有农业技术创新模式研究的基础上，对兵团可持续农业技术创新进行深入研究，从而选择适合兵团特殊体制的可持续农业技术创新模式。

7.1　可持续农业技术创新模式划分及特点

7.1.1　可持续农业技术创新模式基本内涵

"模式"（英文为"model"）一词属于外来词，在《现代汉语词典》中的解释为："指某种事物的标准形式或使人可以照着做的标准样式"。可持续农业技术创新模式是指可持续农业技术创新中的各个主体，以某一创新主体为核心，以满足市场需求为导向，通过一定的机制联结而形成的相对固定的可持续农业技术创新样式。根据划分方式不同可持续农业技术创新模式也不同：根据技术创新动力源不同，可划分为技术发展推动模式、市场需求拉动模式和政府主导推动模式；根据技术创新诱因及创新组织形式不同，可划分为政府主导计划模式、市场需求自组织模式和推拉双动——联合组织模式；根据创新主体地位不同，可划分为政府主导型创新模式、中介组织主导型创新模式和农户主导型创新模式。对这些创新模式进行分析和评价，有利于构筑符合兵团实际的可持续农业技术创新模式。

7.1.2　可持续农业技术创新模式划分及特点

1. 依据技术创新动力源不同划分

一是技术发展推动模式。指由于相关农业技术发展的推动作用而产生的技术创新。技术推动表现为农业科学技术的重大突破，使科学技术明显地走在生产的前面，从而激发出市场的潜在需求。其特点是技术发明引致技术需求。

二是市场需求拉动模式。指技术创新始于市场需求，具体来说是由于市场的需求，以及生产要素禀赋的不同，对农业生产和技术提出了明确的要求，从而诱导农业科学技术的发展，进而生产出适应市场的产品，最终满足市场的需求。其特点是市场需求引致技术创新。

三是政府主导推动模式。指技术创新由政府启动。政府根据当地资源禀赋，通过对社会、科技、产业和区域发展的规划，以及制定关于科技、产业、地缘经济、财政、信贷和外贸等方面政策和法律法规，启动技术创新活动。其特点是政府动力引致技术创新。

从以上三种模式的内涵来看，技术推动模式需要农业科学技术有重大突破，才能引致技术创新，从而激发出市场的潜在需求。这种技术重大突破需要政府资金支持和农业科研机构及其人员做出许多努力才能完成。但由于我国现行科研体制弊端，加上科研投入本身不足，技术发展推动模式难以形成。市场需求拉动模式能否形成，关键取决于农户自身素质和农户对技术需求的愿望，本质上取决于技术使用后的效益。问题是当前我国农户素质偏低和农户对可持续农业技术认识不够等因素，致使源于农户需求的动力不足，市场需求拉动模式还不可能主导。可持续农业技术创新所能解决的经济、生态和社会协调发展问题，恰恰是政府从社会全面持续发展的角度，最为关注的问题。因此，从技术创新动力源来看，相当一段时间，政府动力是农户和科研机构动力无法相比的，政府主导推动模式应该是可持续农业技术创新的主导模式。

2. 依据技术创新诱因与组织形式划分

一是政府主导计划模式。指政府制定科研计划开展技术发明和技术创新活动，并采取相关的政策措施确保计划的实施和完成。在这一模式中技术创新活动由政府启动，政府是创新的主导者和支配性因素，计划和行政力量对技术创新活动起支配作用。政府的作用表现为：①政府制定的计划直接影响了技术机会和市场需求。政府可以通过行政力量重点安排某些农业技术的研究而限制另一些研究项目，通过计划直接控制农业生产需求，并间接控制社会需求。②通过计划和行政手段调配各种创新资源，政府能够将一切公共研究力量集中在一些关键农业技术创新领域中进行重点突破、实现技术跳跃。我国在水稻、棉花技术上的突破正是得益于此。③通过计划控制农业技术创新的时间进程。国家通过科研立项、合同契约等方式确保科研项目按期按质完成。此模式的优点是：如果政府安排的计划或项目能体现农户的实际技术需求，又能确保创新所需资源的合理投放和创新工作质量时，此模式会取得较好的创新速度和效果。不足在于：一是受政府工作人员的素质及客观条件的限制，政府计划难以准确地反映要素稀缺和市场需求，容易造成技术创新需求的脱节，增大可持续农业技术创新不确定性和风险。二是作为政府计划执行者的农业科研人员，由于处于被动地位，并且其创新努力和私人创新收益并没有直接关系，容易造成对农业技术创新过程中所花费的成本与研究周期不够关心，使技术创新成本加大、周期延长。三是农业科研人员对创新的成功与否不负实质性责任，或只对政府的计划负责，当技术创新活动遇到困难时，往往因动力不足而不了了之。

二是市场需求自组织模式。指农业科研部门以创新主体的身份，依据市场对农业技术的需求情况，自发地组织技术创新全过程，并对农业技术创新效果负责的农业技术创新模式。公共或私人科研组织根据市场的技术需求情况与自身条件，自行组织农业技术创新活动，这种模式是以市场经济为前提条件，强调技术创新的经济效益，注意将技术创新与技术需求紧密结合，市场需求与技术机会有机结合。此模式优点：一是市场拉动性强。从事农业技术创新的公共或私人研究机构是根据农业企业或农户反馈的市场技术需求信息及变化趋势安排技术创新计划和项目，使农业技术创新与农业生产结合紧密。技术创新成果实用性强，转化率高。二是自组织性强。技术创新活动由科研组织启动，作为创新主体，不仅要自行解决技术创新过程中的难题，而且也要自行组织技术成果的中试和市场推广等工作。三是创新成果易于实现商品化。由于从事技术创新的研究机构的目标是满足需求，占领市场，因而其所有工作均围绕此目标展开，一旦技术创新成果产生，立即有的放矢地投入市场，促使其形成产业化。不足在于：一是由于研究机构往往以盈利为目的，注重技术创新私人收益的实现，这一性质决定其总是将研究资源投入到保密性强，容易形成专利，创新收益高的创新领域，对于一些近期无利可图的项目或公益性项目，研究机构往往不会涉足。显然，这样会降低技术的社会供给水平，与提高社会最优供给水平的要求背道而驰，不利于农业科研社会化。况且，对于我国来说，农户作为分散的技术需求主体，经济实力薄弱，也无力支付购买农业技术创新成果所需的高昂费用。二是受市场强有力的竞争与外界各种因素的影响，科研机构无法有效整合现有的创新资源，创新主体的创新能力和规模将受到限制，一定程度上不利于科研资源的合理配置。

三是推拉双动——联合组织模式。指政府根据当地资源禀赋条件和农业经济发展目标，在综合考虑市场对技术需求现状的情况下，结合研究机构的研发软硬件条件制定技术创新计划，研究机构在接受任务后，在完成政府计划的情况下，可依据现实市场需求，自行组织技术创新活动并对创新效果负责的创新模式。在这种创新模式中，研究机构是组织农业技术创新的主体，但是农业研发机构必须接受政府的指导，必须完成政府的科研计划，政府通过计划对农业科研组织给予资助和扶持，创造宽松的创新环境，以保证技术创新成果的顺利脱颖而出；政府也可以将计划中的重大项目，以公开竞标的方式，择优选择科研实力较强的科研单位，以合同契约方式给予重点资助扶持，并保证验收成果的高质量。另一方面，农业科研机构也可根据市场供求关系和自身科研实力来选择是否承接国家计划，在接受国家计划并保证其顺利完成的基础上，科研机构也可根据市场需求，组织科研资源，研究并推广一些检验合格并符合市场需求的技术商品，获得创新收益，以维持自身发展的需要。对于科研机构来说，市场需求是一种显性的创新动力，政府计划同样代表着一种强烈的社会需求，因而，它是一种稍带隐性的创新动力。科研机构可以将技术机会与政府需求进行有机结合，对创新过程进行有效组织和控制。同时，政府通过计划（契约）与科研单位进行合作，调配社会科研资源以保证计划的顺利实施，并最终对创新予以监督和验收。

表 7-1 从 10 个方面对以上可持续农业技术创新的三种模式进行了比较。相比前两种创新模式而言，推拉双动——联合组织创新模式更加强调科研创新主体的独立性和灵活性，政府与科研机构之间不是一种强制性的计划安排，而是一种技术需求、技术机会和技术创新资源的有机结合。政府负责科研计划的制订和创新的监督和验收，科研机构作为经济上的独立体，主管创新活动的具体安排与实施，根据市场需求和自身的发展需要，科研机构有是否承接计划的选择权，有以市场需求为导向安排创新活动的自主权，二者之间的结合是一种契约上的关系。当然这种

结合是有条件的：一是收益，政府的资助必须达到科研机构私人收益率的期望；二是声誉，这是科研机构立足于市场经济的无形资产，科研机构为长远发展的需要，必须保证其无形资产的有效增值。

表 7-1　三种可持续农业技术创新模式的比较

	政府主导计划模式	市场需求自组织模式	推拉双动——联合组织创新模式
创新主体	政府及所辖科研机构	科研机构	独立的科研机构和政府
创新责任主体	政府负责	科研机构负责	以科研机构负责为主
创新规模	不确定	相对较小	较大
创新难度	不确定	较易	较难
创新周期	不确定	较短	长短皆有
创新风险	相对较大	相对较小	大小皆有
创新收益性质	社会收益	私人收益为主	社会收益为主
创新成果实用性	软弱	强	强
创新效率	低	高	弱

3. 依据农业技术创新主体不同划分

可持续农业技术创新模式依据农业技术创新主体不同，可分为政府主导型、中介组织主导型和农户主导型三种模式：

一是政府主导型模式。指政府根据当地的资源禀赋和农业发展的目标，发挥自身功能，对技术创新所有的人、财、物进行合理配置，不断开发可持续农业技术，同时借助制度设计，运用经济、法律手段诱导农户采用新技术。技术创新活动主体上是由政府自身启动，其他创新主体相对处于被动状态，政府在技术创新活动中居主导地位，起支配作用。该模式特点是技术供给创造技术需求。

二是中介组织主导型模式。指农业技术中介组织为了加快推进技术成果转化，取得预期收益，根据农业技术市场的供求状况，确定技术创新偏好和方向，利用其上联政府、科研和教学部门，下联千家万户的桥梁纽带功能，在积极引导农户采用新技术的同时，可以拉动教学和科研部门的技术供给。技术创新活动主要由中介组织启动，中介组织在技术创新活动中居主导地位，起支配作用。该模式特点是技术服务引导技术供求。

三是农户主导型模式。指农业企业（农户）为不断提高其农产品在市场上的竞争力，对新技术有强烈的需求，表现为不断对新技术进行搜寻。而科研部门则根据农业企业（农户）提出的技术需求开展技术创新活动，然后进行技术推广和扩散，以满足农业企业（农户）的需求。技术创新活动主要由农业企业（农户）启动，农业企业（农户）在技术创新活动中居主导地位，起支配作用。该模式特点是技术需求引导技术供给。

7.2 可持续农业技术创新模式的主要类型及评价

7.2.1 政府供给主导型和农户需求主导型可持续农业技术创新模式划分

笔者认为，前面述及的推拉双动一联合组织模式，强调科研创新主体的相对独立性和灵活性，政府与科研机构之间是一种技术需求，技术机会与技术创新资源的有机结合，而不是一种强制性的计划安排，所以在目前市场对技术资源配置功能还不完善的条件下，此种模式对可持续农业技术的创新驱动会显不足；而中介组织主导型模式能否充分发挥其功能，关键在于技术创新中介组织的发育程度及利益驱动，而现实是我国技术创新中介组织还处于初步发展阶段，还难以承担可持续农业技术创新的主体责任。

农业技术创新的主体是政府和农业企业（农户），政府是农业新技术的供给者，农业企业（农户）是农业新技术的需求者。作为整个技术创新过程的两个方面，政府和农业企业（农户）的作用相互补充、互为前提。缺乏适宜的新技术供给，农业企业（农户）的技术需求就不能实现，没有新技术的有效需求，政府的技术供给也就毫无意义，甚至是资源的浪费。所以，农业技术创新实质上可归结为技术供给与技术需求的某种均衡（数量均衡和行为均衡），创新过程其实是新技术供给与需求不断均衡的过程。因此，笔者认为从促进技术供给和技术需求均衡或政府行为和农业企业（农户）行为耦合的途径看，将可持续农业技术创新划分为以下两种主要模式较合适：即政府供给主导型可持续农业技术创新模式和农户（指农业企业和农户）需求主导型可持续农业技术创新模式。①

① 齐晓辉．我国可持续农业技术创新模式的选择［J］．科技管理研究，2010（6）：23。

7.2.2 政府供给主导型可持续农业技术创新模式及评价

1. 政府供给主导型可持续农业技术创新模式含义

政府供给主导型可持续农业技术创新模式指在整个农业技术创新过程中，政府根据农业资源特点及农业科技进展，为实现既定的农业目标，产生适合本地区的技术创新偏好和方向，通过发挥政府的宏观管理职能，整合技术创新中人、财、物等创新资源，委托农业研发机构对农业技术进行研究开发、试验和推广等前期创新活动，不断开发出适宜的可持续农业技术，同时借助于制度的设置、经济和法律手段的采用，诱导农户不断采用新技术。在整个创新过程中，政府是农业技术创新的启动者，政府在创新活动中居主导地位，起支配作用。其特征是技术供给创造技术需求，从而实现新技术供求均衡，可以说农业技术创新是完全由政府推动的，其他创新主体处于被动地位。可用图 7－1 表示。

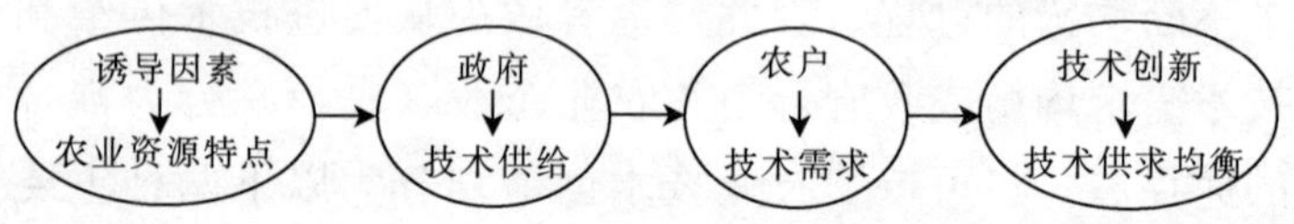

图 7－1　政府供给主导型可持续农业技术创新模式

2. 政府供给主导型可持续农业技术创新模式总体评价

（1）政府供给主导型可持续农业技术创新模式的优势。政府供给主导型模式中，政府充分发挥其职能部门的作用，有效利用其资源整合和服务功能，能在较短的时期内，将可持续农业技术创新成果研制成功，并通过扩散渠道导入农业生产系统，促进农业快速发展。创新效率较高、创新规模大和创新能力强是该模式最大的优势。

（2）政府供给主导型可持续农业技术创新模式的缺陷。主要体现在以下几个方面：一是农业技术创新活动由政府启动，政府在科技资源的配置上起决定作用，如果政府对市场的技术需求把握不准，容易造成科技创新成果不能转化为现实生产力的现象。二是在政府主导的作用下，其他创新主体相对处于被动状态，不是自主行为和自觉行为，他们的积极性、主动性和创造性很难充分调动，从而难以形成完整可持续农业技术创新的要素条件。三是政府供给主导模式下，行政手段将发挥重要作用，可能会出现短期行为、恶化干群关系和引发不良后果。

7.2.3　农户需求主导型可持续农业技术创新模式及评价

1. 农户需求主导型可持续农业技术创新模式含义

农户需求主导型可持续农业技术创新模式，指在整个农业技术创新过程中，农户为提高其产品的市场竞争能力和对要素相对价格的反应，必须不断采用新技术，使自己的农产品所消耗的个别劳动时间低于社会必要劳动时间，表现为农户对新品种新技术的强烈需求，农户对一种农业新技术的需求增加将诱导科技资源去研究和发展这种技术。根据农户提出的技术需求，政府促使科研推广人员对农户技术需求做出反应，积极组织研发机构开发新技术，以达到技术供给和技术需求的均衡。在整个创新活动中，农户是技术创新活动的启动者，成为创新活动的主导者和支配力量。其特征是技术需求引致技术供给，即农户的技术需求拉动农业技术创新。农户需求主导型可持续农业技术创新的实质是市场力量组织技术创新。技术市场机制不完善，导致功能低效是该模式技术创新不足或停滞的主要原因。可用图 7-2 表示。

2. 农户需求主导型可持续农业技术创新模式总体评价

(1) 农户需求主导型可持续农业技术创新模式的优势。农户需求主导型模式运行中，技术创新来自于农户需求，政府根据农户需求组织科研人员进行创新，其创新取得的成果必然与农户技术需求相吻合，技术成果可以在较短的时期内导入农业生产系统，促进区域农业发展，带动农民增收。

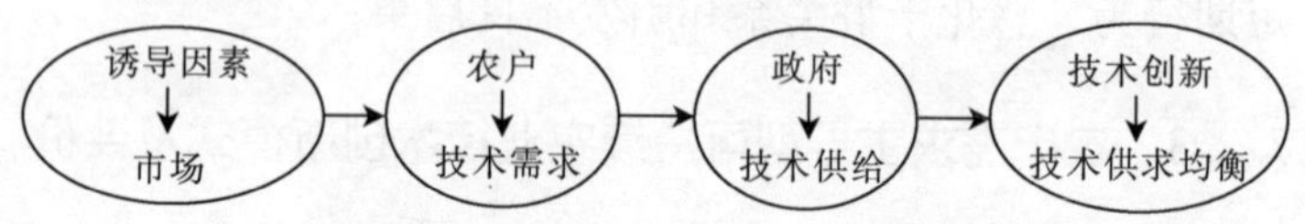

图 7-2 农户需求主导型可持续农业技术创新模式

(2) 农户需求主导型可持续农业技术创新模式的缺陷。农户需求主导型模式的缺陷主要体现在以下几个方面：一是目前我国农民文化素质偏低，科技意识相对不高，农户自身产生技术需求的意识和能力不足，技术需求不足。二是由于受人口多，土地少等多种因素的制约，农户土地经营规模小、自身素质偏低的状况还将长期存在，我国农业现代化的道路还很漫长，这些因素必然导致农户对技术需求不足，农户也不可能担当可持续农业技术创新的重任。三是我国技术市场体系还不完善，农户成为技术创新的主导角色和支配性力量还不具备现实基础。

7.3　兵团可持续农业技术创新模式的选择

7.3.1　兵团准政府供给主导型可持续农业技术创新模式的选择

兵团成立以来，农业取得的巨大成就在很大程度上得益于农业技术创新不断推动。考察兵团农业技术创新历程，我们不难发现，从农业技术创新模式来看主要采用的是政府主导计划模式，这种模式是由兵团特殊体制和农业组织管理特征决定，在兵团农业技术创新中发挥了重要作用。改革开放以来，随着兵团社会主义市场经济的逐步建立，农业技术创新模式发生了一定变化，逐步由政府主导计划模式向兼顾职工需求自组织模式转变，但是由于兵团特有的高度集中的农业行政管理模式特征，造成了职工对技术需求的不足，职工需求自组织模式发展缓慢。根据对可持续农业技术创新两种主要模式的分析评价，考虑兵团特殊管理体制特征，及兵团行政管理为主的农业管理模式还将在一定时期内发挥作用的特点，笔者认为，就目前及今后一段时间而言，兵团应建立准政府供给主导型可持续农业技术创新模式，主要基于以下理由：

1. 理论依据

从理论上看，兵团正处于社会主义市场经济的过渡阶段，长期计划经济体制下形成的烙印依然很深，市场对技术资源的配置功能还很不完善，加上可持续农业技术创新具有的风险性和公共物品性特征，决定了可持续农业技术创新活动是一种市场功能低效的创新活动。而作为技术创新主体的职工和中介组织决定一项新技术是否采纳或重点推广，是以能否给自己带来较好收益来判定的，由此决定了二者不具有启动这种技术创新的原动力。而兵团准政府确具有启动这种技术创新的原动力，这在第 6.3.3 节中已做分析，这里不再论述。因此，对兼顾经济、社会和生态效益的可持续农业技术创新活动，兵团准政府理应承担一般创新主体无法胜任的使命。笔者认为，目前兵团可持续农业技术创新模式应选择具有创新优势和高效率的准政府供给型主导型模式，这是选择准政府供给主导型可持续农业技术创新模式的理论依据。

2. 现实依据

从现实来看，兵团农业与全国来比，发展虽然很快，但总体来看，与国外农业发达国家相比，兵团农业还处于传统农业向现代农业转化时期 ，市场体系还不健全不完善，市场对可持续农业技术创新的自组织能力较弱。这主要表现在兵团特有的农业管理模式下，职工生产的主要农产品由团场包销，职工并没有直接走向市场，无市场竞争意识，职工来自市场竞争的压力很小，由提高产品市场竞争力引发的职工对可持续农业技术创新的市场需求刺激还不强。我们必须面对的现实是：兵团家庭农场、不同规模经营职工和初步发展还未成熟的中介组织在相当一段时间还将并存，他们还难以成为可持续农业技术创新的主导角色，支配整个创新活动。因此，笔者认为，在兵团农业现代化的实现过程中，建立准政府供给主导型技术创新模式是较为现实的选择。随着兵团农业经济增长方式的逐步转变，促进农业增长方式将由动员兵团（职工）对农业的大量追加资源投入转到通过依靠农业技术进步促进农业增长上来。继续充分发挥兵团准政府在可持续农业技术创新方面的主导优势，这是选择准政府供给主导型可持续技术创新的现实依据。

3. 实践依据

从实践来看，兵团自改革开放以来在农业科技进步方面的取得的成功经验，也证明了准政府供给主导型可持续技术创新模式的可行性。兵团“农业十大主体技术”、“节水灌溉工程”、“沃土工程”、“星火计划”的大面积推广实施，已使农业技术进步因素在兵团农业经济增长中的贡献份额得到显著提高，显示了农业科技成果转化的巨大威力，在农业劳动力和耕地日益减少情况下，扩展了社会生产可能性边界。发挥准政府在可持续农业技术创新上的主导作用是现阶段兵团推进农业技术进步的有效选择，也是兵团选择准政府供给主导型可持续农业技术创新模式的实践依据。

7.3.2 兵团准政府供给主导型可持续农业技术创新模式评价

1. 准政府供给主导型可持续农业技术创新模式的优势

在兵团建立准政府供给主导型模式其优点体现在以下几个方面：一是准政府供给主导型可持续农业技术创新模式符合兵团现有特殊体制及农业组织管理制度特征，有利于可持续农业技术创新系统主体最大功能的发挥。二是能充分发挥兵团农业生产及技术管理组织程度高的优势，通过行政手段，建立兵师团三级准政府、农业高等院校、农科院（所）和涉农科技企业参与可持续农业技术创新的运行机制。三是兵团高度集中的管理模式，可以使准政府有效利用其资源整合和服务功能，短期内将可持续农业技术导入兵团农业生产整个系统，促进兵团农业发展，带动团场职工增收。

2. 准政府供给主导型可持续农业技术创新模式的缺陷

准政府供给主导型模式的缺陷主要体现在以下几个方面：一是除兵团准政府及其职能部门外，其他主体都处于被动状态，因而不能充分调动他们的积极性、主动性和创造性，增加了建立有效机制的难度。二是准政府供给主导型可持续农业技术创新模式运行中，难以避免行政手段的使用和短期行为的存在，容易恶化兵团团场干群关系。三是兵团准政府在科技资源的配置上起决定作用，还难以避免科技与经济两张皮的现象发生。

7.3.3 兵团准政府供给主导型可持续农业技术创新模式类型

在市场经济条件下，在准政府推动和市场拉力的双重作用下，兵团可持续农业技术创新模式的具体形式可以归纳为以下五种主要类型。

1. 合同创新

是指以合同方式确定技术创新合作关系的形式，通常是由委托方提供资金和规定创新目标，受委托方组织人力、物力实施创新过程。创新内容可包括基础研究、应用研究、技术开发研究以及市场开拓等。一项合同创新可形成两级或更多级合同。合同创新的受托方可以是农业高等院校、农业科研机构、涉农科技企业等，委托方可以是兵团、各师、团场（或农业企业集团）等。这一形式的特点在于委托方不必参与农业技术创新过程而能全部享有最终创新成果。而受托方能够借用外部资金注入，弥补内部创新资金的不足，实现创新收益。这是兵团目前使用较多的一种技术创新形式，由于契约关系明确，创新效果较好。但由于农业研究与农业推广和农业生产的分割性，有时也存在技术成果的实用性差的问题。

2. 项目合伙创新

是指兵团农业研究机构为完成某一特定的农业技术项目的研究与开发，通过合伙投入并合作组织农业研究与开发过程，共享研究与开发成果的一种合作创新方式。其主要特点为：一是合伙创新集中了创新资源和扩大了投入规模，减少了由资源不足或资源结构缺陷引起的创新时滞。二是各项目合伙单位提供的创新资源，具有技术上的互补性和数量上的对等性，合伙各方根据各自的优势开展创新活动，技术创新的效率最高。其优点是：一是便于进行一些重大农业技术创新活动，使那些无力单独完成项目的公私研究机构通过共同参与、资源共享的技术创新过程，分享新成果。二是便于开展一些农业高新技术的创新活动。高新技术创新往往对高级人才和设备的要求高，单个研究机构在人力及设备仪器方面的资源有限性使其无法开展高新技术的创新活动。这种形式的缺点在于合作者之间的管理协调及成果的分享方面可能较难处理。

3. 基地合作创新

是指兵团、各师、团场或农业企业集团在农业高等院校、农业科研院（所）、涉农科技企业共同建立技术创新基地的一种合作创新形式。一般由兵团、各师、团场或农业企业集团提供资金，农业高等院校、农业科研机构和涉农科技企业提供场地设备，研究人员进行农业技术创新活动，并最终向兵团、各师、团场或农业企业集团提供中间成果或新技术产品。这一创新形式，一是有利于开展以知识积累为主要特征的农业基础研究和应用研究；二是有利于加速农业高等院校、农业科研院（所）和涉农科技企业的最新技术成果向现实生产力的转化。

4. 基金合作创新

是指为促进某些领域农业技术的发展，兵团、各师、团场和农业企业集团或私人出资建立一定规模的科研基金供农业高等院校、农业科研院（所）和涉农科技企业开展创新活动。基金由参与单位共同组成管理和经营机构，创新活动的资助单位和执行单位是分离的，基金合作创新是以项目为基础，对预先确定的农业创新项目通过公开招标选择研究机构或研究人员，对自由申请的项目通过专家评审确定中选的研究机构或研究人员，基金管理机构负责组织项目评审和成果的评估。

5. 研究公司合作创新

这是农业技术合作创新的一种新形式。兵团、各师、团场、涉农科技企业、农业高等院校或农业科研院（所）（有时没有研究机构参与），为增进或加速某一类农业技术领域的技术创新，共同组建股份制形式的合作创新组织。实际上就是我们常说的农业科技股份合作公司。

第八章　兵团可持续农业技术创新扩散

可持续农业技术创新的真正意义和实际价值，不在于技术创新本身，而在于技术创新扩散。可持续农业技术创新对一个国家和地区的推动作用取决于创新成果在整个农业系统中的扩散效果。有众多的可持续农业技术创新成果有效扩散，才能使农业可持续发展成为现实。可持续农业技术创新扩散实际上是可持续农业技术创新的一个后续环节，具有重要的研究意义。

8.1　可持续农业技术创新扩散及分类

8.1.1　可持续农业技术创新扩散基本内涵

1. 技术创新扩散的含义

技术创新扩散是技术创新大过程中的一个子过程，但又是一个完整独立的技术与经济结合的运动过程。技术创新扩散的概念，国内外学者有不完全统一的定义，但就基本内涵和本质理解是一致的。目前从内涵把握的概括性和准确性来看，国内学者较认同清华大学傅家骥教授所下的定义："技术创新扩散是技术创新通过一定的渠道在潜在使用者之间传播、采用的过程”。[①] 这一定义在国内经济学界基本上达成了初步的共识。

2. 可持续农业技术创新扩散基本内涵

农业技术创新扩散定义源自于一般的技术创新扩散定义，可持续农业技术创新扩散定义可借鉴农业技术创新扩散定义，是指某项可持续农业技术成果通过一定的渠道或方式由最初的少数人采用到后来大多数人普遍采用的过程。通过可持续农业技术创新扩散，可持续农业新技术不断渗透到农业生产力之中，从而推动农业的可持续发展。据这一定义可知，可持续农业技术创新扩散包含以下含义：①可持续农业技术创新扩散需通过某些渠道向潜在接受者（农户或农业企业）传递，这说明可持续农业技术创新扩散活动至少会遇到交流障碍。②可持续农业技术创新扩散过程需通过农户对新技术的选择和采用来实现，这说明可持续农业技术的扩散与否取决于农户对新技术成本与收益的期望。③可持续农业技术创新扩散是可持续农业技术创新成果进一步转化为生产力的过程，它可以看作是对传统生产力中非可持续技术因素的改造过程。④可持续农业技术创新扩散是对可持续农业技术成果的推广与传播过程，它限定了扩散的对象和内容。

8.1.2 可持续农业技术创新扩散分类

1. 农业技术扩散与农业技术推广

农业技术扩散不是指具体的一个农户如何一步步地

---

① 傅家骥等．技术创新——中国企业发展之路［M］．北京：企业管理出版社，1992年第170页。

达到能采用新技术，而是指农业技术被人们普遍采用的过程，它是由众多的个人采用新技术产生的结果，通常指在较大区域中群体农户对技术应用的行为总和，是总括意义上的技术运动。农业技术推广指通过试验、示范、培训、指导以及咨询服务等，把农业技术普及应用于农业产前、产中、产后全过程的活动。它实质上是一个有意识地把技术信息传递给人们，然后帮助这些人获得必要的知识和技能以便有效利用这些技术的执行过程。

从两者含义来看，当技术的扩散是有意识、有目的、有计划、有制度和有组织地进行时，这种农业技术扩散就是农业技术推广，或称为“农业技术推广扩散”；有些活动如文化交流、人口流动和大众媒介等并非有针对性的传播技术，也能在无意识中传播技术信息。技术市场虽非有目的、无偿地进行技术普及，也可以促使新技术的应用，这些属于“农业技术非推广扩散”。因此，农业技术推广应该包含于农业技术扩散之中。

2. 可持续农业技术创新扩散分类

根据以上分析和现实中可持续农业技术创新扩散的发生过程和方式，笔者认为，可持续农业技术创新扩散可以划分为两类：①可持续农业技术推广扩散。②可持续农业技术非推广扩散。就目前来看，可持续农业技术的特征决定了可持续农业技术推广扩散应该占据主导地位。但随着我国社会主义市场经济的逐步完善，农户获得了自主经营、自主决策地位，使非推广扩散在技术扩散中也具有重要的地位。

8.2 可持续农业技术创新扩散系统

可持续农业技术创新扩散是一个复杂的社会经济过程，它要受到诸多外部环境和内部条件的制约和影响，因而必须借助系统论的观点从整体上对其进行分析，以总结和把握其内在规律。

8.2.1 可持续农业技术创新扩散过程

所谓扩散过程，是指技术研究创新从扩散源向潜在采用者扩散的过程。根据我国现有的农业技术创新组织体系及方式，可持续农业技术创新扩散过程是指可持续农业技术成果从扩散源（研究机构）出发，经过中介渠道（农业推广组织、技术市场、技术协会等），最终被农户或农业企业采用的过程（图 8-1）。

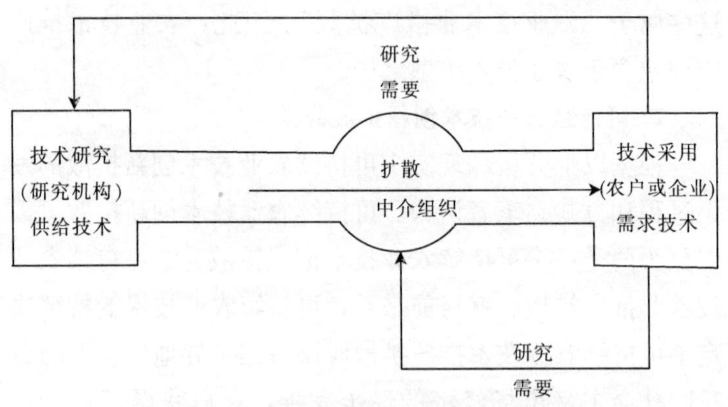

图 8-1　可持续农业技术创新扩散过程模型

如果从信息扩散模式来看，可持续农业技术扩散实质上主要是技术的供给者与需求者（采用者）双方的技术信息交流过程。其过程为，可持续农业技术供给者（科研机构、大专院校和涉农科技企业）以发送者的身份，通过有关渠道，向技术需求者（采用者）即接收者传递信息。接收者一旦接受信息作出反应，技术需求者将以发送者的身份，向技术供给者反馈信息。如果供需双方取得共识，即技术供给者提供技术成果能满足需求者的技术需要，便导致技术输出和技术采纳行为的产生，也就形成了一个完整的农业技术扩散过程（图8-2)。这一扩散过程还可根据各参与主体的作用不同，将其进一步分为三个子过程：供给子过程、采用子过程和交流子过程。

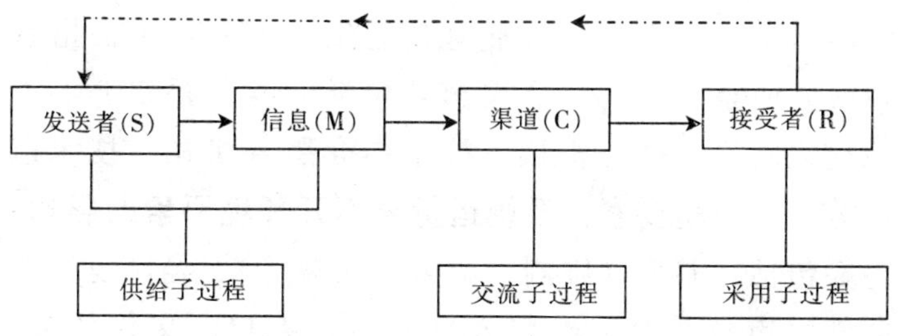

图8-2　可持续农业技术创新扩散的信息交流过程

（1）供给子过程。供给子过程可分为若干步骤：可持续农业技术成果产生后，首先从适用性原则出发对其进行筛选，然后进行试验，包括小试和大试，再进行示范，在示范成功的基础上引起需求者的采用欲望，从而拉动了可持续农业新技术的需求。

(2) 交流子过程。技术供给方和采用方通过各种信息渠道或方式进行相互信息交流，交流的主要内容是新技术信息。

(3) 采用子过程。农户或其他技术需求者对技术的采用一般经过五个阶段：直感、产生兴趣、估计、第一次试验、采用或放弃。在某些情况下，某些步骤可以没有或与其他步骤合并在一起。

8.2.2 可持续农业技术创新扩散系统

我们将可持续农业技术创新扩散过程中所涉及的各主要要素及其联系和作用方式、规律的总和称之为可持续农业技术扩散系统。扩散系统主要由下列要素构成：①供给者，包括公共或私人农业研究机构、农业高等院校和涉农科技企业等；②采用者，主要指农户或农业企业；③中介渠道，包括公共传播媒介、人际交流网络、推广机构、技术中介服务机构、技术市场等；④环境要素，系统运行离不开环境要素的影响，主要包括：制度（体制、政策、法规等）、经济及社会条件（市场价格、经济发展状况、人口、文化教育、习俗等）、资源条件（劳动力、资金、自然禀赋等）。在这里，供给者主要负责提供技术成果，一般并不参与具体的技术推广和转移环节。因而，在技术成果供给既定条件下，可持续农业技术扩散系统可进一步简化为图 8-3 所示。

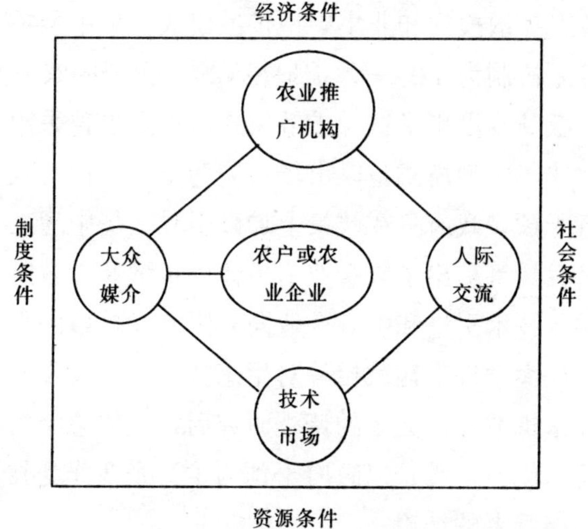

图 8－3　可持续农业技术扩散系统示意图

8.3　兵团可持续农业技术创新扩散模式的选择

8.3.1　可持续农业技术创新扩散模式的类型

就目前研究成果来看，国内外关于技术创新扩散模式的研究并不多见，关于农业技术创新扩散模式的研究则更为鲜见。将技术创新扩散作为一个独立的内容加以深入研究也只是近 20 年的事情。斯通曼（P. Stoneman）在构造技术扩散模型时，将技术扩散划分为三个部分：①企业内部的扩散；②部门内扩散；③经济领域和国际上的扩散①。傅家骥教授认为技术创新扩散模式可分为两类：集

① P. 斯通曼（英）. 技术变革的经济分析［M］. 北京：机械工业出版社，1989 年。

中型技术扩散模式和非集中型扩散模式。集中型扩散模式是以计划机制为主的一种扩散模式①。我国的农业技术创新的扩散基本沿用了这种扩散模式，美国也曾采用过这种模式。非集中型模式是以市场机制为基础，没有政府行为的强行干预，政府只在政策上加以引导。华中理工大学的蔡希贤教授等提出了以企业为主体的扩散和以政府为主体的扩散，技术引进和中心企业向外围企业扩散两种模式分类。浙江大学许庆瑞教授等对生态技术、环保设备生产等创新技术扩散作了大量的调查研究后，从中总结出这种类型的技术创新扩散是以政府干预为主，企业作为技术创新的被动接受者的结论。

关于农业技术创新扩散模式的研究极为少见，国内一些学者针对我国传统农业科技推广中以政府干预为主的运行机制中存在的弊端，提出农业技术创新扩散应走计划与市场相结合的技术推广思路。

综合上述学者观点，结合可持续农业技术创新的特点，结合现有农业技术创新扩散模式研究成果，笔者认为，可持续农业技术创新扩散模式依据政府作用程度可划分为以下三种模式：

（1）政府计划扩散模式。政府计划扩散模式在计划经济和市场经济条件下均存在。我国农业技术扩散也主要沿用了这一模式。它是指政府通过计划的指令或指导，运用强有力的政策或其他经济手段和行政手段，对某项技术的扩散给

① 傅家骥等．技术创新——中国企业发展之路［M］．北京：企业管理出版社，1992年，第170页。

予推动，从而达到该项技术在全国范围内扩散的目的。

政府计划扩散模式的扩散对象一般是直接对农业经济乃至整个国民经济产生重大影响，而对农户在短期内无显著效益的技术创新。生态效益显著而经济效益不明显的环保型技术的扩散主要通过这一模式来进行。例如，治理水土流失技术的扩散，农户从眼前经济利益考虑并不情愿采用这些技术。但是这类技术对生态环境保护以及人类未来生存环境的影响将产生很大的正面效益。为此，政府往往采用强制性的手段或措施并辅助以技术补贴等经济手段强行推广。我国西部大开发中为改善西部生态环境强行推广的退耕还林、坡改梯等方面的技术就属于此类。

（2）计划与市场综合作用扩散模式。所谓计划与市场综合作用扩散模式是指政府通过各种优惠政策为技术采用者创造条件，从而鼓励农户或农业企业采用农业新技术；同时，政府有时也会通过计划的指令或指导，运用强有力的行政手段或经济手段，对某类有重大影响的技术予以推动。农户或农业企业大多数情况下都是出于追求利润最大化或由于市场竞争的压力，产生采用农业新技术的要求和愿望。计划与市场综合作用扩散模式将政府计划同技术采用者内在要求有机地统一在一起，使不同类型的技术扩散都能得以实现。

（3）市场分散作用扩散模式。市场分散作用扩散模式是指没有政府的计划强制，也没有政府的资助，以市场机制为主，政府相应的政策只起辅助作用的一种农业技术创新扩散模式。正如“农业技术踏板”理论所描述的那样，市场存在着竞争压力，农户或农业企业要生存和发展，必须在市场竞争中通过不断采用新技术降低农产品成本，获取利润。采用新技术者都希望通过新技术的采用，增强自己的竞争优势，获取利润最大化。这种市场机制的作用，推动着农户或农业企业以不同的方式参与到技术扩散之中，从而使农业新技术在生产实践中得以广泛应用。此类技术多为商品性较强的物化技术，如新型长效缓释肥料，粮、棉、油作物高产、优质、多抗新品种等适应于这种技术扩散模式。

8.3.2 可持续农业技术创新扩散模式评价

笔者认为，政府计划扩散模式是一个直线型交流模式，农业技术成果是按照政府行政命令强制推行模式，技术采用者（农业企业或农户）无自主选择技术的权力，只是技术的被动接受者，政府推广的新技术与农户新技术的需求不能完全吻合，这种模式下农户使用新技术的积极性容易受挫，扩散质量并不高。市场分散作用扩散模式是一个网络型交流模式，选择新技术的动力和权力完全在于农业企业或农户手中，他们处于对经济利益的追求可以直接进入农业技术市场选择并采用适用技术。与政府计划扩散模式相比，市场分散作用扩散模式更有利于提高扩散的质量，实施技术扩散的成本也比政府计划扩散模式的成本节省得多。但是市场分散作用扩散模式的弊端在于：一是扩散数量和扩散速度不及政府计划扩散模式的数量和速度。二是对于一些价格较高或复杂的农业技术成果，则可能由于农户个体付费能力弱而在技术扩散系统中扩散缓慢。三是单纯靠市场引导技术创新扩散，市场缺失必要的协调者，可能会造成技术扩散的无序竞争。四是对公共效益型农业技术成果扩散将显乏力。表 8－1 是三种扩散模式的比较。

表 8－1　可持续农业技术创新扩散模式比较

	扩散组织	扩散方向	技术选择者	扩散动力
政府计划扩散模式	各级政府部门	自上而下	政府专家	技术推进为主
计划与市场综合作用扩散模式	各级政府部门与科研单位或企业	全方位	政府引导、农户或农业企业自主决策	技术推进与需求拉动结合
市场分散作用扩散模式	科研单位或企业（如民间中介组织）	网络式	农户或农业企业自主决策	需求拉动为主

由此可见，政府计划扩散模式和市场分散作用扩散模式各有缺陷，完全的计划和完全的市场均不是最有效的方式。因而，计划与市场综合作用扩散模式则是上述两种扩散模式优势互补，兼顾了两者的优点，抛弃了两者的缺点，是目前较好的可持续农业技术扩散模式。

8.3.3　兵团计划与市场综合作用扩散模式的选择

从 50 年代中期至今，兵团形成了兵、师、团、连四级农业技术推广体系。这一自上而下组织化程度极高的农业技术推广体系建立和发展，标志着兵团以“政府计划推广模式”为主导的农业技术创新扩散模式的确立。这一扩散模式及其相应的体系在相当一段时期为兵团农业技术进步、农业和团场经济的发展做出了重大贡献。然而，随着兵团社会主义市场经济体制的逐步建立，这种强制性的“行政驱动型”扩散机制缺乏生机和效率，不能满足职工对新技术的市场需求等弊端逐步显现出来，这要求兵团现行的农业技术创新扩散模式要有一个适应性的转变。笔者认为，建立高效率的适应市场经济运行机制的计划与市场综合作用扩散模式，是兵团现阶段的必然选择。这一选择理由是：

1. 兵团“政技合一”的传统农业技术扩散模式的局限性所决定

兵团特殊管理体制下，农业技术扩散一直保持着“政技合一”的体制，技术推广计划的制订、项目的选择、机构的设置、经费的安排、人员编制的确定都是依据兵、师、团、连四级意愿和行为，以“准政府目标”为中心，通过指令性计划指标层层下达，落实到职工手中。各师农业科技推广机构是隶属于农业行政管理部门，团场科技推广机构也是相应的延伸组织。这一体制在计划经济时期农业生产高度集中管理模式下，对促进农业技术进步和农业增长曾发挥出巨大的作用。但面对改革后兵团经济管理体制逐渐向市场经济过渡的新形势，暴露出许多局限性：一是农业技术供需脱节。在传统计划经济体制环境中，技术选择主体发生了错位，在准政府自上而下、强制性的技术扩散模式中，技术选择的主体是准政府而不是职工，职工对农业技术的选择和采用完全是被动的，职工的技术采用与职工的技术需求往往并不一致，出现了供需失衡的状况，职工在农业技术扩散的推动上不仅缺乏内在动力，而且无力抵制违背自然规律或违背经济规律的农业技术的实施。在市场经济环境中，职工作为有独立自主权的微观经济组织，有根据经济利益机制这一核心因素选择农业技术的内在要求权力。近年来兴起的农业技术协会、承包大户、家庭农场等组织与制度创新，正体现了这一要求。因而，在传统的“准政府驱动”模式中引入市场机制，归还职工的技术选择权，尽量减少行政干预，按市场经济的规律来规范和指导农业科技推广，才能完全实现技术创新的供需均衡。二是农业技术推广缺乏活力。尽管兵团近些年在调动农业科技推广人员的积极性方面进行了一些探索性的改革，但总体来说，由于农业科技的有偿服务机制并未形成，缺乏有效的激励机制，农技推广经费异常短缺，农技人员待遇不高。因而农技推广人员工作的主动性和创造性较低，从而使农业技术推广体系运转困难，面对不断增多的、日益多样化的职工技术需求难以适应。这两方面的局限性说明，在市场经济条件下，职工对科技推广和服务的内容和方式提出了更高更新的要求，农业技术推广模式已出现了由“政府主导型”向“市场导向型”的演进发展趋势。但由于兵团当前市场发育程度较低，农业领域中的市场组织、市场功能还很不健全，还不具备靠纯粹的市场机制来推进技术扩散的条件。因而，应建立一种新型的，既不是单一化的准政府主导型模式，又不是纯粹靠市场拉力带动的模式，而是准政府推动和市场拉动有机结合的扩散模式。

2. 兵团特殊管理体制和农业管理模式所决定

兵团农业组织结构是由兵、师、团、连四级构成，具有准军事化管理的组织体系。在这种组织结构下，兵团农业实行以职工家庭承包经营为基础、统分结合的双层经营管理体制。“统”指团场对土地承包经营职工实行“统一农资采购，统一种植计划，统一机耕作业，统一灌溉管理和模式化栽培，统一产品订单收购”的管理模式（简称“五统一”模式）。也正是这样“集权式”的管理模式，导致在兵团范围内，同一种作物农业技术措施几乎是由各师和团场统一制定的，连队和职工完全按团场技术模式执行。这种模式下，职工对于可持续农业技术成果与生态环境条件改善技术的应用不可能敏感。同时，即使在完全的市场机制作用下，少数职工对技术变革偏好的改变引发的投资，不足以启动可持续农业技术扩散的全过程。这表明，兵团现有特殊管理体制下的可持续农业技术扩散不能完全依赖于市场机制的作用，即寄希望于职工对可持续农业技术的主动吸收的同时，仍需借助一定的外在力的推动，这个外在力量只有来自兵师团三级。兵师团三级对可持续农业技术扩散的积极引导和大力投入，可以使可持续农业技术创新扩散快速启动。事实证明，兵团现有的技术行政推广模式作为一种强刺激手段，迫使职工改变其技术行为，采用可持续农业新型技术，已显示出其优越性。因而，在兵团特殊体制和农业生产管理模式下，可持续农业技术扩散不能单纯依赖于市场机制的自发生成与诱导，必须同时借助于兵团准政府力量的支持。

3. 兵团向市场经济过渡时期的特殊阶段所决定

兵团正处在计划经济向市场经济逐步适应过渡时

期。由于兵团特殊管理体制等诸多因素的束缚，农业中市场主体发育程度还不高，农业技术水平虽然在全国领先，但还落后于发达国家，实现农业现代化仍然是兵团农业发展的艰巨目标。事实上，改革开放以来，兵团的农业技术推广政策的调整也正是循着从“政府驱动”向“政府与市场联动”的思路进行。一是探索实行了农技推广承包制，把科技推广服务与科技推广人员的经济利益挂钩。二是在继续完善了兵团所属的农技推广机构基础上，发展了以“企业＋职工”一体化经营为载体和农业技术协会等多元化的农业技术扩散渠道。因此，在经济转轨时期，充分利用准政府和市场的双重作用来促进农业技术扩散进程是兵团现阶段的目标模式。另外，即使兵团已过渡到市场经济发育程度很高的时候，农业技术扩散也不应是纯粹的市场诱导型，或是单一的政府驱动型，而必须是市场调节与兵团准政府计划作用的综合作用模式。这是因为：一是纯粹的市场诱导存在着固有的缺陷，决定了农业技术扩散必须有政府的调节与参与，否则，技术成果的现实供给会远远小于其可能的供给水平。同样，纯粹的准政府驱动会造成技术供需失衡，技术扩散缺乏活力、低效等问题，从而影响农业技术的扩散效果。二是兵团农业生产经营制度和“五统一”的管理模式，决定了放任自由的市场诱导在兵团是不可能实现的。三是西方发达市场经济国家的经验告诉我们，农业技术扩散不可能是完全的市场诱导型，政府在技术供给与技术需求之中同样扮演着重要的角色。

8.3.4 兵团计划与市场综合作用扩散模式类型

1. “准政府＋职工”扩散模式

这种模式是指兵团准政府根据市场对农产品的需求，结合区域农业生产条件及特点，由兵团科技管理部门组织农业科研单位（包括农业高等院校）、涉农科技企业自主研发或引进可持续农业技术，并提供相应的政策和服务（包括技术服务、要素整合服务等），帮助职工采用先进技术促进农业发展，增加职工收入，职工收入增加后就会反过来会激发其对技术的需求，从而促进可持续农业技术的扩散，达到准政府与职工之间，以及准政府与农业技术供给主体之间形成良性互动关系。这种模式核心主体是职工，模式运行机制由准政府和职工共同建立，主要在农产品生产和储存技术创新中较为普遍。

2. “准政府＋涉农科技企业＋职工”扩散模式

这种模式是指准政府结合本地农业资源条件及职工的实际需要，组织农业科研单位（包括农业高等院校）自主研发或引进可持续农业技术，然后由涉农科技企业结合本地实际进行研发、创新，实现技术本土化，通过涉农科技企业小范围试验示范成功后，辐射、带动周边地区及职工采用相关技术，而职工对相关技术需求的不断扩大反过来又刺激准政府和涉农科技企业加大对该项技术的投资力度，促使涉农科技企业能够更好地发挥技术创新、示范、辐射和带动效应，进而促进这一可持续农业技术创新扩散模式的有效运行。

3. “准政府＋农业科技园＋职工”扩散模式

这种模式是指准政府结合本地农业发展的实际需要，组织农业科研单位（包括农业高等院校）、涉农科技企业自主研发或从外界引进可持续农业技术，然后投资建设农业科技园区。通过农业科技园区的示范效应，辐射、带动周边地区职工采用相关技术，而职工对相关技术需求的不断扩大反过又能刺激准政府加大对农业科技园区的投资，使其能够更好地发挥示范、辐射和带动效应，促进这一农业技术创新扩散模式有效运行。

4. “准政府＋科研机构＋示范园＋职工”扩散模式

这种模式是指准政府在农业科研单位（包括农业高等院校、涉农科技企业）与职工之间充当联结纽带，通过建立农业科技示范园，把农业科研单位的可持续农业技术成果引入到农业科技园进行试验、示范，然后再把试验成熟、值得推广的可持续农业技术推广到职工的实际农业生产中去，并通过建立完善的农业科研单位与职工“利益共享、风险共担”的利益联结机制，加快先进农业科技成果对农业的技术改造，进而促进该模式的良性循环。

第九章　加快推进兵团可持续农业技术创新的对策建议

大量历史事实和理论演绎都充分说明，从根本上讲，农业发展离不开农业技术创新的有力推动，而要保持农业可持续发展，关键因素是要采取相关措施不断激励可持续农业技术创新。兵团成立以来，特别是改革开放30年来，农业科技取得了巨大成就，农业综合生产能力得到显著提升，有力地促进了农业经济的快速发展。但从总体上看，兵团农业技术创新与农业可持续发展的客观要求还有较大差距，尤其是还未形成适应兵团资源禀赋特点和农业发展阶段的可持续农业技术创新体系。兵团农业生态环境退化与农业经济增长同步发展的严峻事实已经昭示，构建适合兵团特点的准政府供给主导型可持续农业技术创新模式，制定促进可持续农业技术创新的对策措施，加速推进兵团可持续农业技术创新是核心内容。

9.1 加快建立兵团准政府供给主导型可持续农业技术创新模式[①]

9.1.1 确立准政府对可持续农业技术创新的主导地位及主导责任

如前第七章第三节所述，在兵团特殊的管理体制下，选择准政府供给主导型可持续农业技术创新模式是兵团的必然选择。因此，在可持续农业技术创新过程中兵团准政府应该占据主导地位和承担主导责任，即准政府应该通过制定农业经济发展战略、科技政策、推广计划和进行创新资源配置等方式来实现可持续农业技术创新的调控。因此，要明确以下几点：一是在全面启动可持续农业技术创新过程中，兵师团三级行政主管部门应起主导地位和支配作用，直接介入兵团农业生产全过程，为农业增长注入新的技术和生产要素，其主要精力和资金应集中于可持续农业技术的研究、推广、教育和培训上。二是在可持续农业技术创新扩散中要充分发挥准政府农业技术推广体系的主渠道作用，采取适当的行政与市场相结合的手段确保可持续农业技术的顺利扩散。三是作为准政府要根据可持续农业技术的特点，在整个创新环节都要制定相关政策，创造良好的外部环境，充分调动相关主体参与可持续农业技术创新的积极性。

① 齐晓辉等．我国可持续农业技术创新问题研究——以新疆建设兵团为例［J］．科技进步与对策，2009（12）：70-71。

9.1.2 加快建立兵师团三级对可持续农业技术创新的投资制度

加大准政府对可持续农业技术创新的投资是确保可持续农业技术创新实现的关键，也是建立兵团准政府供给主导型可持续农业技术创新模式的重中之重。因此，使兵师团三级行政主管部门及科研院（所）、农业院校、农技推广站对可持续农业研究推广投资制度化是关键。目前，可持续农业技术创新的特点决定了兵团准政府是农业技术创新的投资主体。只有农业技术创新资金充足和及时到位才能保证可持续农业技术充分供给，也是可持续农业技术创新成果得以扩散的前提。因此，兵师团三级应该在每年财务预算中安排可持续农业技术创新资金，并将可持续农业研究发展投资制度化，为保证可持续农业科研开发、推广等创造资金保障。

9.1.3 农业科研院校（所）或涉农科技企业是可持续农业技术创新的主体

准政府供给主导型可持续农业技术创新模式，强调政府在可持续农业技术创新中的主导和支配作用，并不是说准政府直接参与可持续农业技术创新的具体活动。目前，在兵团现有特殊体制下，兵团所属的农业科研院（所）、农业高等院校、涉农科技企业以及农业技术推广站应该成为可持续农业技术创新的主体，他们是真正的可持续农业技术创新成果的研发和推广者。明确以上主体在可持续农业技术创新中的地位非常重要，也只有这样，准政府才能为以上主体创造可持续农业技术创新的内外部环境条件；农业科研院（所）、农业高等院校、涉农科技企业以及农业技术推广站也才可能重视可持续农业技术创新活动，加快可持续农业技术的研发和推广，从而形成有效的可持续农业创新成果，应用于农业生产实践，推动兵团农业可持续发展。否则，加快推进兵团可持续农业技术创新只能是一句空话。当然，在兵团现有体制下，农业科研院（所）、农业高等院校在可持续农业技术创新中应该占据主导力量，这主要是由兵团团场性质和涉农科技企业还处于发展阶段所决定的。目前，这些主体虽然参与可持续农业技术创新活动，但他们在可持续农业技术创新中还不足以占据主导力量，只能起附属作用。推进兵团可持续农业技术创新，兵团农业科研院校（所）和农业高等院校在相当一段时间还要肩负着重要的责任，是兵团可持续农业技术创新的主体。从长远看，涉农科技企业在可持续农业技术创新中占主导力量是必然趋势。

9.2　建立和完善兵团可持续农业技术创新的政策体系①

9.2.1　制定可持续农业技术研究开发政策

研究开发可节约资源、提高产量和质量、保护环境的技术是未来农业技术进步的中心内容。为增加可持续农业

① 齐晓辉等．我国可持续农业技术创新问题研究——以新疆建设兵团为例［J］．科技进步与对策，2009（12）：69－71。

技术成果的供给量，兵团应制定相关的政策，加强可持续农业技术的研究开发，集中优势力量，力求取得重大突破。

1. 制定可持续农业技术研究开发的投资政策

我国农业研究开发经费占农业总产值0.2%～0.5%，低于发展中国家1%和发达国家2%～4%的平均水平，兵团更低，这样的投资规模远不能适应农业技术进步的要求。因此，一要运用兵团高度集中地行政手段建立可持续农业技术创新投入稳定增长机制，加大研究开发力度。原因是市场机制无力刺激社会对可持续农业技术的研究开发，需要政府加大投资力度。二要把更多的资金重点投向既注重产量、质量，又注重资源永续利用和保护环境的可持续农业技术上。三要通过制定一系列税收、贷款等优惠政策，鼓励、吸引企业等社会力量投资参与可持续农业技术研究开发活动，允许企业、个人等社会力量捐资成立可持续农业科技基金会，专门支持农业科技研究和开发，形成多元化的投入体系和运行机制。力争通过多方面的努力，使兵团全社会科学研究与开发投入占国内生产总值的比重，到2010年达到1.0%以上，到2020年达到2.5%以上。①

2. 加快改革兵团农业科研体制

建立科研、开发、推广协调发展、充满活力的新科研体制是兵团可持续农业技术创新的内在要求。一要对兵团从事可持续农业技术研究、农业资源保护的公益性农业科研机构，按非营利机构组织认定，加大支持力度，增加科研条件

① 聂卫国：《认真实施科技规划纲要 坚定不移地走自主创新道路 为建设创新型兵团而努力奋斗》，2007年3月22日，在兵团科学技术大会上的讲话。

投入，结合重点实验室、工程中心建设，提高科研装备水平和技术创新能力。二要从根本上改革科技项目立项制度。在研究方向和任务的确定上，改变由科技管理部门确定或科研人员选定的局面，建立由市场和社会需求导向确定的新型立项机制。农业科技项目立项要坚持公开、公平、公正的原则，坚持专家咨询和重大项目课题招投标制度。三要促进科研院所之间、高等院校及企业之间的科技力量结合和资源集成。组织大中型企业与科研院所开展联合攻关，鼓励高校及科研院所技术向企业转移，并与企业联合建立技术开发机构或创办科技型企业，支持企业牵头主持具有明确市场应用前景的重大产业化项目，促进科研院所之间、科研院所与高等院校之间的科技力量结合，有效集成兵团科技创新资源。四要加大科研与经济的结合力度。通过制定更加优惠的政策，鼓励科研人员进入兵团农业发展的主战场，承接社会委托的横向课题，促进人、财、物和科研资源的优化配置，把农业科研、生产及技术推广有机地结合起来。

3. 加强科技基础条件平台建设，为可持续农业技术创新提供必要的条件

以“两校一院”的重点实验室、企业工程技术中心和技术开发中心等为基础，整合相关科技资源，建立兵团科技研究开发平台；联合兵团内外的科研力量，对制约兵团发展的重大科技问题攻关，建立兵团重大课题产、学、研联合攻关平台；对兵团现有的大型科学仪器设备、自然科技资源、科学数据资源、图书文献资源和科技网络等各类科技资源进行整合，加强有效集成与提高，建成体系较为完备、功能较为齐全、开放共享的兵团科技资源共享平台；根据创新工作需要适时设立兵团科技基础条件建设重大专项资金，加快科研仪器设备的更新及科研条件的改善，为科技人才的可持续农业技术创新活动提供良好的平台，促进项目、基地、人才的有机结合。

4. 制定激励科研人员创新的政策

可持续农业技术创新作为一种新型的技术创新形式，其创新思想的产生、创新速度的快慢、创新规模的大小由创新激励机制提供的动力大小所决定。要借鉴国外经验尽快建立以下技术创新激励方法：一是产权奖励。即通过确定创新者与成果的所有权关系来推动发明创新。创新成果产权的确定是最经济、最有效、最持久的创新激励手段。二是市场奖励。即通过市场力量来推动发明创新。这是国外广泛使用的发明创新奖励方式。市场鉴定和用户的评议作用，对促进农业科技成果转化为生产力、促使科技人员实现自身价值尤为重要。三是科研单位奖励。即通过科研单位内部对发明创新者提供各种各样的激励和奖励措施以促进发明创新。四是政府奖励。政府奖励为前几种奖励机制不能有效发挥作用而实施的辅助措施。即兵团应对农业发展有重大贡献的可持续农业技术创新者进行的物质和精神奖励。

9.2.2 制定可持续农业技术的推广政策

农业技术推广是联结农业科学研究和实践应用的桥梁，是保证可持续农业技术创新的关键环节。因此，兵团应制定优惠政策，加快提高可持续农业技术成果的推广率。

1. 加大可持续农业技术推广经费投入力度

可持续农业技术是一种新事物，农业生产本身存在的不确定性，使得对可持续农业技术的采用具有风险性，职工一时很难接受并采用它。另外其技术构成的复杂性和较高的技术要求，使得职工在短时间内掌握它也不是一件易事。因此，制定兵团可持续农业技术推广计划，加大技术推广经费投入力度，提高推广机构的运转效率势在必行。

2. 加快完善可持续农业技术服务补贴政策

可持续农业技术推广具有较强的外部性，致使推广前期如采取有偿服务手段，职工难以承受。因此，推广前期易采用低偿或无偿服务，待职工普遍接受取得较好效益后，再过渡到有偿服务。因此在加大兵师团对推广机构推广经费投入的同时，还要制定对可持续农业技术的部门和科技服务人员的优惠和补贴政策，鼓励他们推广可持续农业技术。

3. 制定可持续农业技术创新行业贷款和税收优惠政策

对兵团范围内为可持续农业技术创新服务的行业，要优先或低息给予贷款，并对其提供的技术服务或劳务取得的收入免征所得税；科研单位转让可持续农业技术，在得到技术管理机构的认定证明时，可免征营业税。

9.2.3　制定刺激干部职工对可持续农业技术采用的政策

职工采用可持续农业技术的动机在于能够获得较多的经济收益。针对职工对可持续农业技术有效需求不足的现实，应尽快建立一个能有效刺激职工采用新技术的政策体系。

1. 落实好团场基本经营制度，确保职工土地承包经营权的长期固定不变

将兵团“土地承包经营、产权明晰到户、农资集中采供、产品订单收购”的团场基本经营制度落实到位，确保职工土地长期固定，充分享有土地承包经营权，职工采用各种可持续农业技术的积极性就越强；反之，职工会采取掠夺式的生产技术，不会采用可持续农业技术。

2. 调整农业比较利益，激励职工采用可持续农业技术

一方面要按照团场基本经营制度中“产品订单收购”的原则，继续采取订单收购方式稳定农产品收购价格；另一方面对应用可持续农业技术生产的农产品实行保护价格收购，实行优质优价，以确保职工采用可持续农业技术的预期收益。

3. 对采用可持续农业技术的职工实行补贴和优惠政策

如职工按照农技人员的设计要求，采用治理污染，保护环境的可持续技术，可免收技术服务费，同时可制定相关规定给予一定补贴，鼓励职工采用新技术；另外对采用可持续农业技术的职工，在信贷和生产资料供给方面也可以给予优先安排。

9.3 建立以自主创新为主的兵团可持续农业技术创新路径①

9.3.1 将高新技术应用到可持续农业技术研发中去

兵团可持续农业技术创新的突破需要借助高科技力量。目前，以生物工程技术为代表的高新技术正广泛渗透

① 齐晓辉，李万明．新疆生产建设兵团可持续农业技术变迁的对策研究[J]．中国科技论坛，2009（7）：124－125。

于农业、林业、牧业、渔业等领域，成为驱动农业可持续发展的强大动力。其中，应用最为广泛，作用最突出的生物、信息、遥感和核能等四大高新技术领域，正运用于现今可持续农业技术创新的关键和重点领域。生物技术（主要指基因工程，细胞工程、酶工程和发酵工程等）正逐渐成为可持续农业技术创新的先导技术，其应用于动植物育种方面，能培育出优质、高产、抗病、抗逆的优良品种。运用信息技术（主要指计算机技术在作物品种资源研究、育种工作、作物栽培和作物保护等领域的应用）可研制出病虫害自动监测和调控系统；优化农业方案，实行灌溉、施肥、作物布局、家畜饲养等管理的自动化；建立农业生产模拟模型、土壤改良模型、家畜育种和饲养模型等各种计算机模拟模型，起到保护生态环境，协调农业生产与自然的关系的作用；农业信息网络的建立和农业信息服务业的发展能促进农产品销售、协调和监测等。遥感技术在作物估产、土壤调查、土地利用、森林调查、灾害监测、水资源调查、水利工程勘察以及农业生态环境监测等方面可以发挥常规农业技术难以替代的作用。核技术在我国农业应用取得初步成效，在辐射育种、辐射保鲜食品、放射性免疫等方面已形成比较成熟的技术，显示出的主要优点是无毒、高效。可见，将高新技术应用到兵团可持续农业技术研发中去，能加快推进兵团可持续农业技术创新的进程。

9.3.2　吸取传统农业技术和常规农业技术的精华

按照“资源利用率、生产率和利润率高，风险和环境影响低”的评价标准，尽快建立可持续农业技术评估和选择标准，对兵团已有农业技术进行可持续性评估，继承可持续农业技术，淘汰非持续性的技术。兵团现有农业技术中：如过度使用化肥、农药、地膜给土壤和水体以及农产品造成污染；农作物种植结构单一；大中型养殖场产生的大量粪便排放，污染环境等，是不可持续的，对这些不可持续技术应加以改造和淘汰。加快推广节水滴灌、增施有机肥、种植豆科植物、农林牧复合经营、作物轮作—间作、作物—饲料轮作、病虫害生物防治等技术，既有利于保护土壤，提高土壤肥力和土地产出率，又有利于防止病虫害发生，实现经济效益和生态效益的协调持续发展，这些可持续农业技术要继承。吸取兵团传统农业技术和常规农业技术的精华同样可以加快推进兵团可持续农业技术创新的进程。

9.3.3 对现有农业技术进行生态化改造

加快对兵团现有不可持续农业技术进行生态化改造，使之具有可持续性。改造的关键是用农业可再生资源替代非再生资源，利用生态系统的自我调节能力和相生相克原理，保护生态系统的再生能力和自然生产力，建立可持续的高效生态经济系统。如用大量施用有机肥、控效肥料、生物肥料替代化学肥料；用生物农药和病虫害综合防治技术替代化学农药和化学防治；用可降解膜替代不可降解膜；用作物轮作—间作、作物—饲料轮作替代作物单一种植；用农牧复合经营或一体化经营消化养殖场产生的废弃物，替代农牧分业经营；用农林复合经营替代过度毁林开荒破坏生态环境；通过建立生态工业园区，改变团场农产品加工业分散布局的状况，从而达到集中治理污染和保护生态环境的目的。

9.3.4 注重自主创新与国内外合作创新相结合

自主创新和合作创新是可持续农业技术创新的两种重要模式。自主创新的优势在于创新主体可以通过产品开发占据市场的主导地位从而获得极大的技术创新收益，创新主体承担风险较大。合作创新优势在于合作双方或多方能够充分利用各自的优势资源和独特能力，降低交易成本，增大产品开发和市场开发的可靠性和成功率，是技术创新主体减小风险、缩短技术创新周期的有效方法。兵团可持续农业技术创新要走自主创新与国内外合作创新之路。理由之一是由于兵团农业生产管理和技术具有区域性特点，决定了兵团可持续农业技术创新必须结合兵团农业具体实践，加快自主创新步伐，这样才能解决兵团农业持续发展中的实际问题；其二考虑兵团自身农业技术创新能力的局限性，兵团可持续农业技术创新还要走国内外合作创新之路，既要大胆走出去与国内外合作进行技术创新活动，还要不断吸收国内外最新创新成果，实现兵团可持续农业技术创新的新突破。

9.4 加快培育兵团可持续农业技术创新产业化发展模式

9.4.1 按照现代企业制度理论培育可持续农业技术创新主体

按照现代企业制度理论，培育和发展可持续农业技术创新主体——农业企业，提高其可持续农业技术创新意识和创新能力。可持续农业技术创新的主体包括农业科研院（所）、高等农业院校，主要是农业企业（家），具体包括农业生产企业（家）和涉农科技企业（家）等。从兵团目前来看，兵团团场由于其并非纯粹农业企业性质，还肩负许多社会职能，难以承担可持续农业技术创新主体责任，因此，尽快培育类似新疆天业集团的涉农科技企业，是加快推进兵团可持续农业技术创新的基础。一是要继续深化兵团农业科研院（所）的改制工作，培育发展农业科技企业（特别是民营农业科技企业），积极吸收企业参加兵团有关研究开发项目计划。二是制定相关政策，结合兵团实际，加快培育农业生产企业（家）和涉农科技企业（家），壮大创新队伍。三是兵团应运用现代企业制度理论，培育、完善和规范农业企业制度，建立健全可持续农业技术创新激励机制，提高农业企业技术创新主体的可持续农业技术创新意识、激发创新动力和创新活力。

9.4.2 引入产业化组织方式促进可持续农业技术创新与扩散

随着兵团农业科技企业逐步发展壮大，一方面要积极引导科技企业采用“科研单位＋企业＋农户”或“产学研”等组织方式，使农业科研单位、农业技术创新单位和农业技术应用主体之间通过合同契约关系形成“利益均沾、风险共担”的利益共同体，加快可持续农业科技成果的研制、创新与应用。要借鉴山东农业大学慕立义教授将研制发明的“棉苓宝”转让给周村农药厂开发创新为新农药产品的校企联姻成功典范和山东省莱芜市农科所一方面与北京大学、山东大学、山东农业大学等院校联姻，进行甘薯、生姜等脱毒良种繁育科技攻关，另一方面按照“基地＋农户”的方式，通过契约合同与农户建立利益协调机制，走出一条可持续农业技术创新（研制、创新、应用）产业化新路子的成功经验。实践证明，可持续农业技术创新产业化是未来可持续农业技术创新的重要组织方式。

9.5　建立完善有效的兵团可持续农业技术创新扩散机制

9.5.1　完善有效的可持续农业技术扩散体系

一是完善有效的四级农业技术推广网络。要通过逐步增加可持续农业技术成果转化和推广专项资金等政策措施，加大对兵师团连农业技术推广工作的支持力度，加快完善精干有效的兵师团连四级科技推广体系建设，使它们真正发挥可持续农业技术推广的主导作用，成为可持续农业技术创新的供给者与需求者的桥梁纽带。随着兵团市场经济体制的完善，今后要建立以兵师团连四级农业技术推广体系为主导，各类农科教机构和农业产业协会、生产资料供应部门、农产品加工和销售部门等多种利益相关主体参与的多元化农业技术推广体系，促进可持续农业技术的有效推广应用。二是发挥可持续农业科技示范园区的扩散作用。创办可持续农业科技示范园区，既可探讨和试验各种可持续农业技术，又可向职工提供示范、咨询服务，并推广可持续农业技术。因此，一要抓住兵团农业产业化和产业结构调整的机遇，通过先进实用技术优化组合和综合集成，建立一批可持续农业技术综合示范点和产业化基地，使可持续农业技术成果较快推广应用；二要对兵团现有的科技示范园区在加快运行机制创新的基础上，通过争取国家和兵团两级资金投入，办好办实农业科技示范园区，充分发挥可持续农业技术示范、推广和扩散作用。

9.5.2 探索适宜的可持续农业技术扩散机制

根据兵团农业生产管理特点，应加快建立行政手段与市场机制相结合的可持续农业技术扩散机制。一是对现有的兵师团所属农业科技推广机构应在深化改革中转变机制。可以通过技术咨询、技术承包、技术培训、技术服务等形式进行有偿服务，建立健全兵师团所属农业科技推广机构在人事、职称、工资、考核及奖惩上的运行机制，使推广人员特别是基层推广人员能安心工作。二是加大对可持续农业技术的推广服务。充分发挥兵师团三级农业技术推广站的作用，选择适合当地的高产优质、简单易学的可持续技术，优先向文化程度较高、年轻、接受信息机会较多、收入较高的职工、承包大户等进行推广，依靠他们的示范作用和影响力实现可持续农业技术的迅速推广。三是兵团及各师要着重抓好大宗农产品及农业可持续发展中重大的、关键的、普遍的技术成果的转化工作，以及公益性强、物化程度低、社会效益明显的技术成果转化工作。对于物化程度高、经济效益外显、产权可以明确界定的技术成果，可以推向市场，通过市场机制，鼓励涉农科技企业和个人进行推广。

9.5.3　培育新型团场职工对可持续农业技术的吸纳能力

可持续农业技术的扩散和农业可持续发展的最终实现，需要具备较高科技文化素质、较强接收科技信息能力、掌握科学经营管理方法、敢于承担风险并能熟练掌握现代农业技术操作的新型团场职工来推动。兵团职工科技文化素质相对地方农村较高，但由于长期受高度集权农业管理模式和现有职工队伍综合素质的影响，主动吸纳先进技术的能力不强，这是可持续农业技术扩散和应用的主要障碍之一。因此，一要广泛借助多种信息扩散渠道，尤其是职工容易接触到而信息成本较低的广播、电视、人际交流网等，大力宣传可持续农业思想，向职工推广可持续农业技术，减少技术采用的风险，尤其是主观风险。提高各级干部职工的生态环境保护和健康意识，提高职工自觉应用可持续农业技术的能力。二要从可持续农业技术推广的实际需要出发，以实施全民科学素质行动计划为抓手，制定兵团相关政策，增加对可持续农业技术教育培训的投资力度。三要通过开展农工"绿色证书"，"科技之冬"，"农工技术职称"等多种培训方式和途径，建立兵师团各级领导、农业技术推广人员以及职工可持续农业技术的培训体系。四要强化农业科研机构和农业科技推广机构的技术培训职能，充分发挥其在可持续农业技术培训中的主导作用。五要加强对职工技术操作规程的培训和示范，使他们掌握和运用可持续农业技术，真正把技术转化为生产力，实现农业生产方式的转变。通过培训提高其可持续发展意识、科技意识和吸纳新技术的能力，培养一大批高素质、有技能的新型团场干部职工队伍和实用人才，为兵团可持续农业技术应用提供人力支撑。

9.6 建立兵团可持续农业技术创新的保障体系[①]

9.6.1 提高对可持续农业技术创新重要性的认识

要不断提高兵师团三级党政部门和科研院校（所）对可持续农业技术创新重要性的认识。各级党政干部特别是各级领导干部，一定要增强科技进步和创新意识，把可持续农业技术创新成效作为落实科学发展观和正确政绩观的重要内容来抓，要牢固树立科技是第一生产力、创新是第一竞争力的思想，真正把可持续农业技术创新工作摆上重要议事日程。要认真落实“一把手”抓第一生产力的工作责任，对可持续农业技术创新中的重大项目和重大问题，党政主要领导要亲自谋划、亲自推动，确保创新工作取得实效。要广泛利用各种媒体和信息渠道加大可持续农业及可持续农业技术创新的宣传，增强全社会对可持续农业技术创新的意识和自觉性，提高职工自觉应用可持续农业技术的能力。

9.6.2 健全可持续农业技术创新领导体系和考核机制

按照党委统一领导、行政统筹实施、部门分工协作、社会共同参与的要求，健全兵师团三级对可持续农业技术

① 齐晓辉等．我国可持续农业技术创新问题研究——以新疆建设兵团为例［J］．科技进步与对策，2009（12）：72－73。

创新活动的领导体制和工作机制。在兵团科技局成立可持续农业技术创新办公室，专门由一名领导负责可持续农业技术创新活动的具体工作，各师科技局可根据具体情况落实负责人，明确具体的工作权限、范围和经费。同时，健全兵团对各师、团场和科研院校（所）可持续农业技术创新工作的目标考核机制，可以将可持续农业技术创新工作考核纳入兵团对各师、团场和科研院校（所）科技进步工作目标责任制考核范围，明确考核内容，完善考核指标体系和奖惩措施。成立由组织部门牵头、兵团有关部门参加、科技行政部门组织考核的考核领导小组，将可持续农业技术创新真正纳入到日常工作管理范围，建立促进可持续农业技术创新的长效机制。

9.6.3　加快完善可持续农业技术创新的保障机制

首先，运用立法、行政等手段确保兵团农业科研的政府公共投资持续增长，同时要完善兵团资本市场，促进金融机构介入可持续农业技术创新过程，通过金融渠道为可持续农业技术创新提供资金保障；其次，可通过在兵团设立农业技术创新与应用风险基金、保险基金、创业基金等方式，转移分散可持续农业技术创新与应用的风险，增强其抵御风险的能力，促进可持续农业技术创新；最后，应据兵团实际尽快出台一些向农业及农业科技领域倾斜的财政税收、银行信贷、教育培训和法律法规等政策，为可持续农业技术创新营造一个良好的发展环境。

第十章　兵团可持续农业技术创新典型案例研究

按照国家的总体部署，多年来，兵团以农业可持续发展理论和实践为指导，加快推进可持续农业技术创新工作力度，出现了一些可持续农业技术创新成果。如精准农业六项技术、膜下滴灌技术、农作物病虫害生物防治技术、测土诊断配方施肥技术、生物有机肥施用技术、土壤综合改良技术、土地荒漠化草地资源退化综合防治技术等，这些可持续农业技术创新成果的运用对推动兵团农业可持续发展起到积极的作用。笔者就以新疆天业膜下滴灌技术创新为例，对可持续农业技术创新进行典型研究。

10.1　新疆天业（集团）有限公司及膜下滴灌技术

10.1.1　新疆天业（集团）有限公司简介

新疆天业（集团）有限公司是兵团农八师的大型国有企业，位于新疆石河子市国家级经济技术开发区。集团控股的新疆天业股份有限公司于 1997 年 6 月在上海交易所上市，新疆天业节水灌溉股份公司于 2006 年 2 月在香港上市。集团所属产业主要涉及塑料制品、节水器材、化工、电石、食品、热电、矿业、建材、对外贸易、建筑与房地产。集团拥有国家级企业技术中心、国家节水灌溉工程技术研究中心和博士后科研工作站。2008 年底企业总资产达 150 亿元，工业销售收入 67 亿元，实现利税 12 亿元，各项经营指标连续多年以 40%左右速度增长。集团生产的农用地膜、节水器材、PVC 管材、聚氯乙烯树脂、烧碱获新疆名牌产品称号。2007 年，“天业”牌聚氯乙烯被评为中国名牌产品，2008 年被评为中国驰名商标。企业连续多年位列全国制造业 500 强。

新疆天业节水灌溉股份公司是新疆天业（集团）有限公司控股公司，公司 1998 年起开始致力于研究成本低、性能好、农民用得起的“天业滴灌系统”，并独创原料循环再造技术和回收废旧产品再造新产品，形成了具有自主知识产权的天业滴灌系统，并开辟了滴灌技术大面积运用于大田的先河。新疆天业节水灌溉股份公司生产的节水器材已在新疆、内地各省及西亚多个国家大面积推广应用。截至 2008 年，天业滴灌累计推广面积已达 120 万公顷，成为“全国节水行业排头兵”企业。

10.1.2　新疆天业膜下滴灌技术及其作用

1. 膜下滴灌技术简介

膜下滴灌技术是把地膜栽培技术与节水滴灌技术结合起来，将经过过滤系统“滤”清后的水，经过可控管道系统加压后，进入输水干管（常埋设在地下）、支管、毛管（铺设在地膜下方的滴灌带），再由毛管上的灌水器，一滴一滴滴入作物根系发育区，使作物根系区的土壤始终保持疏松和最佳含水状态，供作物根系吸收。膜下滴灌技术在农业用水方式上实现了三个转变：一是从大水漫灌转向浸润式滴灌，有很好的节水和改造土壤盐碱作用；二是从浇土地转向浇作物，有效地控制了地下水的升腾，降低了膜内水的蒸发，最大限度防制水的流失；三是从单一浇水转向浇营养液，把水变成了庄稼的"复合水溶剂"。

膜下滴灌技术是一个完整的系统，由三部分组成：一是由首部装置、管道、地膜、滴灌带组成的田间灌溉系统及其规划与设计技术；二是适用滴头、滴灌带生产技术；三是能用于大规模使用的播种、覆膜和铺设滴灌带的一体化播种技术。其中适用滴头、滴灌带生产技术是本技术的核心，膜下滴灌系统的规划与设计和配套的机械化施工技术则是实施这一技术的重要辅助手段，如图 10-1 所示。

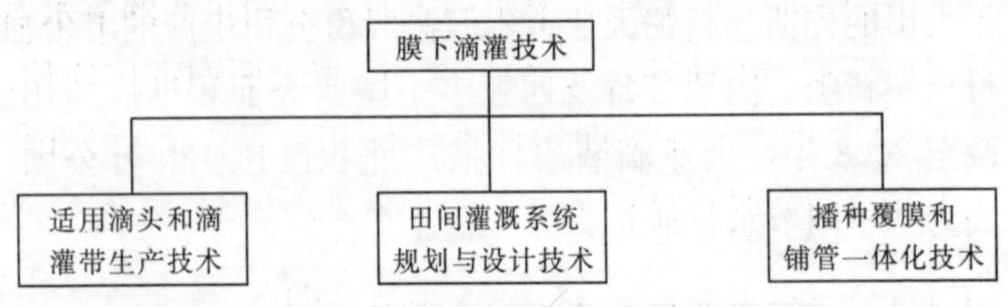

图 10-1　膜下滴灌技术系统的组成

2. 膜下滴灌技术的主要作用

通过对新疆天业膜下滴灌技术创新成果和应用效果研究，天业膜下滴灌技术创新对兵团农业持续发展具有以下重要支撑作用。

（1）有效节约水资源，提高水资源的利用率。一是节约有限的水资源。根据天业技术中心提供资料显示，大田灌溉改为棉花膜下滴灌后，棉花平均斗门渠灌溉定额由491.29立方米/亩下降为200立方米/亩，省水50%，灌溉周期缩短5～10天。二是提高水资源的利用率。据资料测算，在大田灌溉下，水资源的利用率仅为50%，使用棉花膜下滴灌技术后，水资源的利用率可以达到90%以上。新疆地处欧亚大陆腹地，属典型的大陆型干旱地区，年平均降水量不足100毫米，而地表年蒸发量却在2 000毫米以上，水资源紧缺是制约农业持续发展的主要瓶颈。天业膜下滴灌技术为有效节约水资源，提高水资源利用率提供了有效途径。

（2）保护生态环境，促进农业与生态环境保护协调发展。一是膜下滴灌技术冲破了农业生产受到植物生态环节、外部气候条件和作业季节特点的三重制约，使其从大田转变为工厂型，增强了农业抗风险能力。二是膜下滴灌灌水定额低，可在棉花根系发育范围内形成一个低盐区，遏制了土壤次生盐渍化的发生。三是膜下滴灌是一个相对封闭的系统，灌水、施肥是通过管道直接施于作物根系上层，能减少病虫害的传播途径，有利于防治棉花病虫害。四是膜下滴灌系统能同时完成水、肥、药同步实施，既能节约要素的投入，又能提高要素的利用率，还能减少了化肥和农约在土壤中残量，减轻化肥和农药对土壤的负面影响。五是采用膜下滴灌后，棉花作物所需要各种养分条件有了较大的改善，棉花生长发育速度加快，生育期提前，为农作物快速生长创造了条件。

（3）提高农业持续发展能力，增强农业发展后劲。根据资料显示[①]：天业膜下滴灌的应用，特别是在干旱地区应用，可增加综合经济效益40%以上，并在提高农业持续发展能力，增强农业发展后劲方面有显著作用：一是能提高中产田作物产量30%左右；二是提高土地利用率5%～7%；三是管理作物定额提高到8～10亩/人，节省机力费20%左右，从而提高劳动生产率和农民（工）收入；四是使肥料利用率从30%～40%提高到50%～60%；五是水溶性农药、肥料可随水施入作物根系范围内，施用效率显著提高，提高作物抗病能力，减少机耕作业；六是缩短土壤熟化过程，促进作物早熟；七是滴灌棉花灌溉均匀，作物生长一致性好，棉花成熟度（即马克隆值）及纤维均匀度好，能提高棉花品质。

（4）提高农业经济效益，增加职工收入。近年来，学者们围绕膜下滴灌技术的应用效益进行了大量的实证研究，一致认为，膜下滴灌技术具有显著的经济效益。严以绥等通过对石河子垦区121团等四个团场采用膜下滴灌种植棉花进行调研，结果表明，膜下滴灌除了可以改善作物的品质外，产量也有大幅度提高。采用大田膜下滴灌技术的棉花，加工番茄、玉米和线椒比常规灌溉每公顷分别增幅10.28%、25.00%、43.37%和68.71%，每公顷增收分别为16 285.5元、4 477.50元、3 715.35元和11 608.50元。[②] 采用膜下滴灌技术后，水费、机力费、人

① 郭庆人等．为了大地的丰收——由膜下滴灌看新疆天业发展之路［J］．新疆农垦经济，2002（2）：41。

② 严以绥等．膜下滴灌技术对五种作物综合效益分析［M］．北京：中国农业出版社，2004年。

工费、肥料费和农药费分别比常规灌溉减少 40.82%、20.66%、24.01%、9.22%、7.27%，平均每公顷节支总额达 1 425 元。①

10.2　新疆天业膜下滴灌技术创新背景及历程

10.2.1　新疆天业膜下滴灌技术创新背景

1. 资源背景——水资源短缺

我国是一个水资源十分短缺的国家，人均水资源占用量和亩均水资源占有量远低于世界平均水平，而且水资源不匹配，降水时空分布不均衡。水资源紧缺严重制约我国农业乃至整个经济社会的发展。石河子垦区，地处新疆天山北麓，全国第二大沙漠——古尔班通古特沙漠的南缘。该区年降雨量 100～200 厘米，蒸发量高达 2 000～2400 厘米，属干旱—干涸地带，没有灌溉就没有农业。石河子市所在的玛纳斯绿洲多年平均径流约 25 亿立方米，兵团农八师按比例分配到 10 亿立方米，地下水每年可抽取约 3 亿立方米。石河子垦区的灌溉技术的总体水平在全兵团处于领先地位，水资源系数达到 0.64（其中干支渠水利用系数为 0.8，斗农毛渠和田间为 0.8）。取农业灌溉用水比例为 0.93（内陆区平均值），有 12.09 亿立方米水可用于灌溉，再考虑到水的损耗，能为田间使用的水仅有 7.74 亿立方米。而全垦区灌溉面积 18 万公顷（2000 年数

① 顾烈风．新疆生产建设兵团膜下滴灌技术的形成与发展［J］．节水灌溉，2003（1）：28。

据），按作物平均需水量约500毫米（即330立方米/亩）计，年需水总量为8.91亿立方米。这样，就出现了1.17亿立方米的水赤字。因此，撇开工业用水和生活用水，仅就农业用水而言，水资源短缺的问题已经相当突出了。从长远来看，随着绿洲内部人口的增长，工业化和城镇化不断深入，必将进一步加剧用水矛盾。在绿洲水资源总量短期内难以大幅增长的前提下，唯一的出路是节约农业用水。为了缓解水资源稀缺与社会经济发展之间的矛盾，必然要求改进灌溉节水技术，尽可能地降低农作物灌溉水消耗，这是膜下滴灌技术创新起源的首要原因。

2. 技术背景——有节水技术基础

兵团农业是典型的大农业，与内地农业相比，规模化、机械化、现代化水平比较高。兵团大多团场地处干旱荒漠地区，降雨少而蒸发强烈，自然生态环境十分脆弱，这些自然条件是制约兵团农业的主要因素。兵团农业开发的历史，其实就是水利和灌溉开发的历史。长期以来，兵团对水利事业十分重视，节水的意识也相当强烈。兵团从垦区建设之初，就积极地开展各种节水灌溉试验推广工作。在现有的节水技术中，兵团大多进行过试验和推广，其中有些已经相当成熟，早已试验成功并大面积推广使用，如渠道防渗，膜上灌、涌泉灌、地下渗灌、改进地面灌溉等；有些正在研究和推广，如高效节水的灌溉技术（喷灌）尚存在适用性问题，这些节水技术必须根据当地条件进行调整。

现有节水灌溉技术中，渠道防渗、膜上灌、涌泉灌等有着明显的节水效果，但节水效率并非最理想，实施效果也相对有限。喷灌试验始于20世纪70年代末期，至今已经有20多年历史。喷灌实现了灌溉的机械化和现代化，控制了深层渗漏，解决了作物均匀灌溉和适量灌溉的问题，一度曾被视为最先进的灌溉技术。但研究表明，喷灌不能抑制地面蒸发，因而并不一定节水，同时对抑制盐化的作用较小。兵团绿洲内部，一般年降水量不足200毫米，蒸发量却达到2 000毫米以上。由于长年多风，容易导致喷灌过程中水分的蒸发和飘移，造成大量损失。据石河子垦区统计，作物生育期的全部灌水量，与目前的常规灌溉用水量（360～380立方米/亩）基本相当，甚至还要多一些。从喷灌的推广面积来看，从1979年到2001年，历时22年时间，全兵团推广喷灌面积仅81 000公顷，自治区只有48 000公顷，推广速度并不快。到2004年，由于膜下滴灌的推广，兵团喷灌面积下降到44 000公顷，主要在半旱区、补充灌溉地区使用，旱区大部分由喷灌改滴灌。到底什么样的节水技术才适合绿洲地区？如何通过技术创新，实现灌溉技术的重大突破？正是带着对这些问题的不断探索和研究，也正是在石河子垦区领导的高度重视和天业集团积极参与研究下，导致膜下滴灌技术创新的实现成为可能。

3. 社会经济背景——经济条件的制约

农业是兵团的主导产业，也是石河子垦区的主导产业。改革开放以来，石河子垦区农业虽然发展较快，但总体与国内农业发达地区和国外农业发达国家相比，农业经济发展水平仍然较低。主要表现在：一是石河子垦区农业科技对农业增长的贡献率为51%左右，而发达国家已达到60%～80%，农业技术创新水平仍然不高。二是团场虽然已经使用了大量的先进农业技术，但各团场及不同作物之间的科技运用水平还不均衡。三是新技术、新品种、无机肥、地膜、滴灌和农药等在农业生产中虽然广泛使用，但现代农业技术体系还需进一步完善。四是传统农业技术干预自然能力增强的同时，自然灾害对农业生产的影响也在增大，农业生产率和生态效益并不高。如有些团场在不断追求棉花总产量的同时，过度开垦荒地，造成水土失衡、土地荒漠化，耕地质量下降，反过来又影响农业生产。显然，石河子垦区农业的发展仅仅依靠以传统农业技术创新为支持的传统农业技术已不能满足垦区农业持续发展和职工增收的需求。只有形成以提高农业生产效率和农业生态质量双重目标兼顾的可持续农业技术创新，才能最终满足农业可持续发展和职工增收的实际需要。膜下滴灌技术创新正是在这样的社会经济背景下应运而生。

10.2.2 新疆天业膜下滴灌技术创新历程

从1996年起，新疆天业集团就开始参与石河子市膜下滴灌试验研究，并按照滴灌→膜下滴灌→大流道灌水器→一次性薄壁型可回收滴灌带的技术路线，积极引进世界先进节水适用技术，不断对滴灌系统的设计、性能、节水器材、工艺与装备的综合造价进行本地化创新研究。其创新历程主要经历以下五个阶段：①

① 胡菊香．新疆天业滴灌系统的发展与创新［J］．国外塑料，2009(3)：39-40。

（1）田间试验研究阶段（1996—1997 年）。主要采用以色列和绿源的滴灌器材，重点解决膜下滴灌对旱区大田的技术适用性问题。此阶段棉花膜下滴灌每亩一次性投资造价分别为 2 400 元和 1 000 元，投资成本相对较高

（2）系统初步形成阶段（1998—1999 年）。通过引进技术，实现了一次性薄壁可回收滴灌带设备和产品的国产化，初步形成由“首部（水泵、过滤装置、控制装置等）→干管→分干管→支管→七通→滴灌带”六个部分组成的天业滴灌系统模式。滴灌系统一次性每亩投入造价降至 550 元，面积扩大至 2 000 公顷左右。

（3）系统成本降低阶段（2000 年）。主要是为解决大田河水滴灌的泥沙堵塞问题，研制出用沉淀池结合大型砂石——网式过滤器来替换离心过滤器的河水处理技术方案，系统造价降至 450～500 元/亩。

（4）系统整体完善优化阶段（2001—2005 年）。在技术上主要将系统中承插四通改为按扣三通，将地埋 PVC 干管由原来的 0.6 兆帕改为 0.4 兆帕，同时将薄壁支管系统与一管四行种植模式相结合，形成了以“首部→干管→薄壁支管→辅管→滴灌带系统（以下简称辅管系统）”的天业滴灌系统模式，系统水泵以下的材料费（含过滤器）降至 320～375 元/亩。2005 年，新疆天业节水滴灌系统累计推广面积已达 56 万公顷。

（5）创新提高探索研发阶段（2005 年以后）。2005 年起，新疆天业结合实际不断创新滴灌系统，先后推出首部→干管→薄壁长短支管→滴灌带系统、首部→干管→大口径支管→滴灌带系统、大流道小流量灌水器及自动控制

系统、小农户滴灌系统等，初步解决了系统轮灌控制球阀多、管理操作复杂、灌水质量人为因素大以及偏远家庭农场使用困难等问题。

10.3 新疆天业膜下滴灌技术创新模式

10.3.1 准政府主导的膜下滴灌技术创新动力机制

由6.3.3节分析可知，兵团特殊体制下可持续农业技术创新的动力主要来自于兵团准政府，因此，兵团应选择准政府主导的动力机制模式。剖析天业膜下滴灌技术创新动力来源，我们不难发现天业膜下滴灌技术创新从动力机制模式来看同样是准政府主导的动力机制模式。这主要体现在以下几个方面：一是从创新初始来分析，创新动力不是来自于农业科研机构（院校），也不是来自农八师各团场（职工），而是来自于农八师石河子市政府，是准政府根据当地水资源条件和农业发展的需要，产生如何实现节水创新解决制约农业生产中的水资源短缺问题的思路，然后投入大量的资金，组织有关专家成立膜下滴灌课题研究组进行攻关，最终实现了天业膜下滴灌技术创新。二是中央领导及国务院有关部门给予极大的关心和支持，也是天业膜下滴灌技术创新的重要动力。胡锦涛总书记、温家宝总理等党和国家领导人先后到天业集团公司视察，给农八师石河子市政府和天业科技人员以巨大鼓舞，同时国家各部委从政策、资金上也给予大力支持，有力地推动了天业膜下滴灌技术创新的成功实现。

10.3.2　准政府供给主导型膜下滴灌技术创新模式

前已述及，由于兵团特殊管理体制的要求，兵团建立准政府供给主导型可持续农业技术创新模式是必然选择。天业膜下滴灌技术创新模式就是兵团体制下典型准政府供给主导型可持续农业技术创新模式的体现。这主要表现在：一是在石河子垦区水资源极度缺乏的情况下，农八师石河子市政府从 1976 年起就将发展节水农业作为垦区农业发展的关键来抓，除重视传统节水灌溉技术的实验开发推广外，已开始大田试验开发现代节水灌溉技术。二是兵团和农八师石河子市政府为组织研究节水灌溉技术，成立了由政府牵头有关部门参加的领导小组，把创建滴灌技术的自主知识产权作为一项系统工程来抓。三是农八师石河子市政府前期投入 300 万元，进行滴灌产品的大田适应性实验，在推广的前三年累计投入 1.03 亿元，引导农场职工在农田大面积应用。四是创造条件，帮助龙头企业天业集团的股票上市，企业在资本市场融资 4 000 多万元投资于科研开发和农田应用。正是政府在以上四个方面发挥的主导和支配作用，才为天业膜下滴灌技术创新奠定了良好的外部环境。

10.3.3　涉农科技企业成为膜下滴灌技术创新主体

在政府供给主导型可持续农业技术创新模式下，一般来讲，可持续农业技术创新的主体是政府所属的农业研究机构或研究人员，当然，这决不意味着可持续农业技术创新过程中只有一个角色，决不意味着从最初的一种思想观念到具体开展农业研究开发活动，再到农业科技成果的商品化，一直到农业技术推广扩散的全部进程完全由农业科研机构或科研人员独立完成。从天业膜下滴灌技术创新整个过程来看，创新前期，政府所属的农业研究机构或研究人员积极参与了膜下滴灌技术创新活动，创新中后期，天业企业发挥了不可替代的创新主体作用。从膜下滴灌技术的大面积试验、推广和服务全过程来看，天业始终是膜下滴灌技术创新的直接参与者。天业之所以成为膜下滴灌技术创新主体，主要基于以下原因：一是天业膜下滴灌技术创新主要动力来自天业企业对节水产业市场前景的看好，存在市场利益驱动因素；二是天业具有研制塑料产品和地膜的基础和经验，技术转型成本较低；三是天业是典型的兵团科技企业和技术创新的参与者，有勇气和信心；四是农八师石河子市政府对天业集团的信任，将产业化与示范重任交给天业，并从政策上给予大力支持。

10.4 新疆天业膜下滴灌技术创新扩散

10.4.1 计划与市场综合作用相结合的膜下滴灌技术创新扩散模式

从天业膜下滴灌技术创新扩散模式来看，属于典型的计划与市场综合作用推广模式，其扩散模式类型为“准政府＋涉农企业＋职工”模式。天业膜下滴灌技术推广初期，存在不同程度认识偏差，干部职工对膜下滴灌技术所能产生的节水效益、经济效益、生态效益和社会效益都表示怀疑。在这种情况下石河子市政府、团场先后制定了膜下滴灌技术推广优惠政策，并下达指令性计划，通过行政和经济手段加快推广步伐。与此同时，天业通过大力宣传使用膜下滴灌技术取得效益好的职工，来宣传天业产品。并通过在团场召开膜下滴灌技术推广现场会、举办不同形式的培训班和提供良好的售后服务等形式，引导、鼓励团场职工或农业企业采用从天业膜下滴灌技术。通过计划和市场两个方面的综合作用，取得了较好的推广效果。天业膜下滴灌技术在石河子、新疆和内地乃至国外都得到大面积推广应用。

10.4.2　建立有效的膜下滴灌技术创新扩散体系和运行机制

建立有效的可持续农业技术创新扩散体系和运行机制是可持续农业技术创新得以扩散的重要保证。天业在膜下滴灌技术推广初期，就十分重视扩散体系和机制建设。一是要求全体员工树立“真诚服务到永远，我与用户共发展”的膜下滴灌技术推广理念。“天业集团滴灌服务公约”明确提出，要发扬天业集团人艰苦奋斗、拼搏创业的优良传统，服务到农田。“与用户共同发展”，“用户的损失就是我们的失职”等口号成为开展技术服务的宗旨和理念。为配合开展技术服务，天业还开通了“800”用户免费服务电话，保证用户的每一个问题都能及时得到答复和解决。2000 年 3 月，天业集团召开滴灌服务誓师大会，董事长郭庆人提出，要用天业集团人的真诚服务，让用户了解和掌握滴灌技术。“要用我们 120％的热情服务，弥补产品可能发生的 20％的不足”。二是建立有效的膜下滴灌技术推广体系。公司专门成立了滴灌服务工作机构，由公司主要领导担任领导小组组长和副组长，公司副董事长担任总指挥。同时组织精兵强将300余人，分赴全疆各垦区全面开展滴灌服务。服务人员从播种之前到秋收之后，始终坚守在田间地头，随时随地为用户排忧解难，进行全过程的跟踪服务。三是规范推广运行机制。公司技术人员从膜下滴灌技术设计、选型、施工、滴水运行、滴灌带回收等全过程为职工提供现场指导，使用户了解、掌握膜下滴灌技术，赢得了用户的尊重和支持。四是加大对用户开展膜下滴灌技术培训。通过多种形式培训，使原来有抵触和怀疑情绪的用户开始接受膜下滴灌技术，一些用户甚至主动找上门来洽谈大面积安装膜下滴灌事宜。

10.5 新疆天业膜下滴灌技术创新政策措施

10.5.1 准政府在膜下滴灌技术创新中起重要支配作用

实践证明，创新主体所处的环境将直接影响创新系统的效率，最有效的制度环境是政府与市场的互补。凡是市场机制能够发挥作用的领域和方面，就由市场充当主角；而在市场失效的方面，则通过政府干预加以调整。政府对于创新活动的干预始终是必要的。因此，强调科研单位或企业作为技术创新的主体，决不意味着政府就可以放任不管。相反，政府在诸如干预知识产出，进行科技和教育投入，在财政及税收方面予以支持，建立创新的激励机制以及不断完善法制体系（如专利制度）等方面的职能，是任何市场力量无可替代的。另外，农业、水利、生态等涉及公共领域的创新活动中，由于技术应用中不可避免的“外部性”，政府介入就更有必要了。正如纳尔逊所强调的，创新面对的市场，其实大多是“有组织的市场”，而不是纯粹市场。政府可通过一定的政策和措施激励新技术的创新与扩散。此外，当技术创新活动受到资源约束的时候，政府还可以发挥整体协调作用，将有限的资源集中于最有可能积聚优势的领域和产业。

天业膜下滴灌技术创新的过程中，政府所发挥的作用更为明显。从膜下滴灌技术项目立项开始，就受到农八师政府的高度重视，整个研究工作甚至就是在农八师石河子市政府的直接领导下进行的。1997 年，在田间试验已经完成并形成相应研究成果后，才交由天业集团完成后续的产业化工作。在天业集团完成膜下滴灌系统的器材开发以及配套之后，为了帮助天业集团更快地推广应用这一节水灌溉技术，兵团领导高瞻远瞩，毅然决定通过财政补贴给予支持。应该说，如果没有兵团领导的大胆决策，膜下滴灌技术也可能慢慢地扩散开来，但其速度绝不会如此迅速，更不会在短时间内产生规模效应，形成以膜下滴灌为典型代表的农业节水产业，并使之成为促进兵团经济增长的又一支柱产业。

10.5.2　培育涉农科技企业成为膜下滴灌技术创新主体

近年来，国有大中型企业技术创新能力不断提高，一大批中小型科技企业迅速崛起，使我国科技开发力量的总体格局正在发生深刻变化。越来越多的人认识到，确立企业在技术创新中的主体地位，是国家创新体系建设的内在要求。在传统的计划经济体制下，技术创新所需的资源大多由政府管理，分布于企业之外的高校、研究院所等社会组织中，企业技术创新资源严重匮乏。政府过多地干预企业决策，妨碍企业对市场变化迅速做出反应。改革后，随着企业作为市场主体的地位的确立，企业开始成为技术创新的利益分配主体，从而具有开展技术创新的动力。企业成为技术创新的投入主体，开始自觉提高技术创新能力。企业成为承担风险的主体，必须自主面对市场的压力。为了自身的生存和发展，唯一的选择是走技术创新之路。

考察膜下滴灌技术形成，我们发现膜下滴灌系统则与以往节水技术的推广大不相同，在由政府资助下走过科研阶段之后，再由政府撮合天业集团完成产业化和市场推广工作。当然，天业集团公司本身的企业性质，要求它在进行开发和创新时必须首先从市场出发，必须了解并设法满足用户的使用需要，否则就不可能将大量的资金投入转化为效益和盈利。开发和创新必须面对市场风险，企业必须认真研究市场，并且加强对研发的内部管理，设法减小或规避各种风险。当开发初见成效后，为了进一步提高市场占有率，天业集团又进一步加大了资金、设备和人才的投入，将更多的资源投入到膜下滴灌技术创新之中。可以说，开发与创新行为市场化以及由此而产生的高收益和高回报，是天业集团自觉从事技术创新的动力所在。膜下滴灌技术的研究以及技术范式的形成，再次证明了企业作为技术创新主体的价值和意义。

10.5.3　加大对膜下滴灌技术创新各环节的投入

据初步统计，1997年至今，天业集团用于膜下滴灌研究和开发的投入总额已高达4亿元之多，远远高于国内同类企业的投入水平。天业自筹资金建立了现代化的塑料模具设计及加工中心，引进世界最先进数控机床等先进仪器和设备。天业建成了一支阵容强大的专业研发队伍，投入大量资金支持成立国家农业节水灌溉中心（新疆）等机构，用专项资金支持企业下属的农业研究所开展系列研究工作，出资举办机械和农田灌溉两个研究生班，与北京、西安等地的科研院所合作培养研究生，如此等等。这些举措在国内节水灌溉企业中是不多见的。

天业集团每年从销售收入中提取3%用于科研，这个比例在国内企业中是比较高的。为保持和强化在膜下滴灌技术和产品上的领先优势，天业集团应在现有条件的基础上，继续加大对研发工作的投入。除了自筹资金以外，还要争取将膜下滴灌研究与开发纳入国家科技计划之中，以获得国家有关部门的支持。另外，天业集团过去走的是一条“滴灌——膜下滴灌带——薄型滴灌带地产化”的技术路线，这在技术发展的初期当然是正确和有效的。但当技术逐渐走向成熟并开始普及时，企业就应该在强化应用研究之外，适当地在相关的基础研究领域有所作为。只有这样，才能保证企业掌握具有自主知识产权的核心技术，始终在市场中处于主动地位。

10.5.4 坚持自主创新与国内外引进、合作创新相结合

考察膜下滴灌技术创新过程，我们不难发现膜下滴灌技术创新之所以成功，是天业集团坚持自主创新与国内外合作创新相结合的结果。自20世纪70年代起，石河子垦区就先后进行过喷灌、滴灌、膜上灌等灌溉试验，积累了一定的经验。1996年，农八师的课题组在炮台镇进行灌溉试验研究时，也把传统灌溉、喷灌、滴灌、膜上灌等作为对照组进行了大量研究。课题组从垦区大量采用地膜进行栽培的现实出发，独辟蹊径地将滴灌带放置于地膜之下，产生了意想不到的效果：不仅节水，而且还能防止水分的棵间蒸发，起到抑盐的作用，形成有利于作物生长的微环境。滴灌与地膜的巧妙组合，不经意间催生了一项重大的创新。如果说整个研发过程是始于模仿创新的话，那么当膜下滴灌的创意产生并定型成为一种新的节水灌溉范式时，体现了天业集团自主创新的结果。由于天业集团及时介入，通过行之有效的技术整合，实现膜下滴灌技术的新突破，终于将膜下滴灌由创意变成了能为广大农民接受的地产化产品。之后，他们在引进德国生产设备的基础上，进行了大量的技术改进，形成了以大流道边缝式滴灌带为核心的主导设计。根据各团场作物种植的特点，又对膜下滴灌系统乃至管道、连接件等进行了大量的独创性研究，形成具有知识产权独特的膜下滴灌技术体系。天业大胆介入旱区节水灌溉这一新领域，并且果断地斥巨资展开研发工作，显示出敢为天下先的过人胆识，体现出不惧艰

难、自主创新的精神。

天业集团在坚持自主创新的同时，同样十分注重合作创新。建立企业顾问制度，是天业集团自创业以来取得成功的经验之一。公司长期聘用一批技术专长突出、实践经验丰富的老专家，为企业的重大决策和技术创新活动提供咨询和参谋作用，保证了企业的技术创新很少甚至不走弯路。此外，天业集团从内地聘请的包括水利、农业、机械、电子、塑料、化工等方面的多位专家组成的专家团队，也为膜下滴灌技术研发发挥了重要作用。

10.5.5　注重各种单项节水技术的集成与创新

事实上，真正的技术创新活动，往往是始于对技术的商业潜力的认识，终于将其完全转化为商业化产品的过程，这意味着技术创新绝不是某一单项技术的突破，而是一个使各种分散的单项技术成果实现集成，最终解决具体的生产问题。应该承认，这种集成创新对于确立企业竞争优势和国家科技创新能力增长的意义，远远超过了单项技术的突破。所以，应该对技术的集成创新予以格外的关注。

膜下滴灌技术正是集成创新的结果。首先，从创新结果来看，膜下滴灌技术集成了地膜覆盖技术和滴灌技术。地膜覆盖技术从 20 世纪 80 年代起是干旱地区用于提高地温、延长作物生长期以及防止水分蒸发的重要手段，已经成为干旱半干旱地区广泛使用的基本农艺措施。而滴灌技术则是一种有效的节水技术，它直接作用于作物根部，可大幅度节约灌溉水资源，并能实现水、肥的精确施放等优点。膜下滴灌技术巧妙地将滴灌带（或滴灌管）与地膜结合起来，既保持了地膜覆盖技术的优点，又利用了滴灌可以大幅度节水的优点，从而大大推进了干旱区农业的进步。其次，就膜下滴灌系统的内在结构而言，它在集成塑料、化工、机械、农业、水利等多个专业和学科的成果的基础上，形成了性能稳定可靠的膜下滴灌器材和产品，改变了国外滴灌产品一统天下的局面，并且打破了长期妨碍滴灌技术推广应用的价格壁垒。特别值得一提的是，天业集团长期以来在塑料、化工产业中形成了一定的技术积累，为膜下滴灌创新进行技术集成奠定了基础。通过技术人员联合攻关，集成了机械、电子、信息等专业的成果，天业集团在国内企业中率先完成了滴灌带生产设备地产化。之后，又通过集成水力学与机械工程等专业的成果，形成膜下滴灌系统的主导设计——大流道滴灌带，并且由此简化了国外滴灌系统中常用的复杂而昂贵的过滤装置，使膜下滴灌走向大田应用成为可能。第三，膜下滴灌系统还集成了机械化耕作技术。兵团农业属于现代化大农业，机械化程度普遍较高。目前，除灌溉浇水环节和部分作物的收获尚未机械化外，其余生产环节基本都已实现了机械化。滴灌带铺设如不能机械化，将直接影响这一技术在垦区的推广。为此，技术人员对原有的播种机和覆膜机装置进行了改造，使之可实现播种、覆膜、铺设滴灌带等作业一次完成。由此可见，技术集成在膜下滴灌技术推广应用中具有多么重要的作用。

天业集团在进行膜下滴灌开发的过程中，不是拘泥于寻求某一单项技术的突破，而是追求如何集成所有相关专业的技术成果以实现理想的节水效果。这正是天业集团作为一家涉农科技企业，能够在膜下滴灌技术创新中实现重大突破的原因。

10.6 主要结论

（1）天业膜下滴灌技术创新在石河子垦区成功实践的案例说明，可持续农业技术创新具有很高的现实意义和很大的生产实用价值。可持续农业技术创新的应用不但改善了石河子垦区水资源短缺的现状，而且有效地促进了团场经济、社会和生态效益的提高。这个案例的示范效应也进一步证实了可持续农业技术创新的现实可能性，说明可持续农业技术创新是有市场潜力和现实生命力的农业技术创新方向，它必然能为生产实践和广大职工群众所采用和接纳。

（2）这个案例验证了天业膜下滴灌技术创新背景、创新动力机制、创新目标方向、创新模式、创新扩散及创新政策措施符合兵团可持续农业技术创新理论研究的一般结论。

（3）这个案例说明，可持续农业技术创新必须因地制宜，根据农业生产系统的具体生态基础和生产条件进行有针对性的投入应用，适应农业区域性特点是可持续农业技术创新的基本要求。

（4）可持续农业技术创新成功应用和被广泛接受的前提是一项可持续农业技术不仅具有取得生态效益的功效，还应具有提升经济价值的直接或间接效应。这是可持续农业技术能够在石河子垦区大范围、大面积应用的基本条件。

（5）可持续农业技术必须形成体系，配套使用，这是由农业生态经济系统的限制因子的多重性和复杂性的特点所决定的。

第十一章　结论与讨论

11.1　研究结论

本书从兵团农业可持续发展问题入手，认为农业可持续发展在技术依托上应加快实施可持续农业技术，而加快推进兵团可持续农业技术创新是关键。本书重点研究了兵团可持续农业技术创新的背景、创新目标、方向和重点、创新动力机制、创新模式、创新扩散，并提出了加快推进兵团可持续农业技术创新的对策建议，并以新疆天业膜下滴灌技术创新为典型案例对兵团可持续农业技术创新研究结论进行了验证。主要结论如下：

（1）兵团 50 多年的农业技术创新历程证明，农业技术创新是推动兵团农业发展的根本动力。兵团农业要实现可持续发展，从技术层面上讲仍然需要通过农业技术创新来解决，这种新型的农业技术创新不同于传统意义上的技术创新，而应该是将经济、生态、社会效益全面整合的可持续农业技术创新。

（2）通过对兵团农业可持续发展能力、农业可持续发展的资源环境、农业技术体系可持续性评价三方面分析可知，兵团农业持续发展面临经济、生态和社会协调发展失衡，资源环境脆弱，技术持续支撑能力不足等问题。可持续农业技术创新是对农业资源及环境不产生危害，能带来经济、生态和社会效益的农业技术创新，是推动农业可持续发展的不竭动力，加快推进可持续农业技术创新是兵团农业可持续发展的必然选择。

（3）兵团可持续农业技术创新的指导思想是：以科学发展观为指导，将兵团建成全国可持续农业技术的示范推广基地、农业现代化的示范基地、农业持续发展的示范基地作为根本目标，推进农业新的科技革命，建立现代可持续农业技术体系，实现技术跨越，实现兵团农业发展由注重数量向更加注重经济、生态和社会效益的根本性转变。兵团可持续农业技术创新应遵循的基本原则是："经济、社会、生态持续性"协调统一的原则；农业高新技术全面渗透与应用的原则；自主创新与国内外引进、合作创新相结合的原则；因地制宜与整体推进相结合的原则。

（4）未来10年兵团可持续农业技术创新的总体方向是：农业生物工程、信息化技术和其他高新技术；常规可持续农业高产技术；节约低耗型高效农业技术；资源改善与环境保护技术；资源多级循环与再生利用技术。农业技术创新具有典型的区域性特点，不同区域农业发展对可持续农业技术的需求不同，兵团应根据不同区域的农业生产特点，围绕加快推进农业产业化的"6221工程"，对农业科技关键领域进行重点创新。

（5）在充分考虑兵团特殊管理体制和可持续农业技术创新特征的情况下，兵团可持续农业技术创新动力机制尚不具备实现向三元协同动力机制模式转变的条件，建立准政府主导的可持续农业技术创新动力机制模式是兵团现行体制下的合理选择。

（6）从兵团准政府主导的可持续农业技术创新动力机制模式选择，以及可持续农业技术创新理论、现实和实践依据来看，选择准政府供给主导型可持续农业技术创新模式是兵团现行特殊体制下的必然。即准政府在创新活动中具主导地位，起支配作用，准政府是可持续农业技术的供给者。准政府供给主导型可持续农业技术创新模式具有推动兵团可持续农业技术创新的优势和高效率。其主要模式类型有合同创新、项目合伙创新、基地合作创新、基金合作创新和研究公司合作创新。

（7）可持续农业技术创新的真正意义和实际价值，不在于技术创新本身，而在于技术创新扩散。随着社会主义市场经济体制的建立，兵团特定历史条件下形成的以“政府计划推广模式”为主导的强制性“行政驱动型”农业技术创新扩散模式，不能满足职工对新技术的市场需求等弊端已经显现出来，建立高效率的计划与市场综合作用的可持续农业技术创新扩散模式是兵团现阶段的必然选择。其主要模式类型有“准政府＋职工”模式、“准政府＋涉农企业＋职工”模式、“准政府＋农业科技园＋职工”模式和“准政府＋科研机构＋示范园＋职工”模式。

（8）兵团可持续农业技术创新是个复杂的系统工程，应从建立兵团准政府供给主导型可持续农业技术创新模式、建立和完善兵团可持续农业技术创新的政策体系、建立以自主创新为主的兵团可持续农业技术创新路径、加快培育兵团可持续农业技术创新产业化发展模式、建立完善有效的兵团可持续农业技术创新扩散机制和建立兵团可持续农业技术创新的保障机制六个方面加快推进兵团可持续农业技术创新。

(9) 以新疆天业膜下滴灌技术创新作为兵团可持续农业技术创新典型案例研究，验证了天业膜下滴灌技术创新背景、创新动力机制、创新模式、创新扩散模式及创新政策措施等符合兵团可持续农业技术创新研究的结论。

11.2 研究不足及有待进一步研究的问题

(1) 可持续农业技术创新是继农业可持续发展理论提出以后，国内外学者开始研究的新课题，就现有的研究成果来看，还没有形成较为完善的理论体系，加上农业技术创新本身具有的区域性特征，研究特定区域和制度下的可持续农业技术创新问题可供参考的文献十分有限，这为研究兵团可持续农业技术创新问题带来了一定难度。

(2) 兵团可持续农业技术创新问题是一个复杂的研究课题，除本书研究的范围，其还涉及可持续农业技术推广、职工对可持续农业技术技术采纳等诸多问题，这些问题关系到可持续农业技术创新成果能否最终实现。由于本书的研究重点在于可持续农业技术创新问题，所以对上述问题虽然有所涉及，但并没有做详细的研究，这还有待以后进行。

(3) 可持续农业技术创新问题的研究是涉及多学科理论的边缘课题，它不仅涉及具体的农业技术知识，而且还涉及农业经济学、技术经济学、农业可持续发展理论、技术创新理论及一些微观经济学理论。因此，关于这一问题的研究方法，还需要广泛借鉴与之相关的各门学科的研究方法，并在此基础上形成一个有机的方法论体系。本书虽然在这方面做了一些努力，但仍感欠缺，还要在以后做进一步的深入研究。

附录

兵团农业可持续发展

一级指标	二级指标	单位	1990	1991	1992	1993	1994	1995	1996	1997
经济可持续性(B1)	农业总产值	万元	320 256	355 452	357 515	399 803	613 339	925 635	971 700	1 165 546
	人均农业总产值	元	1 494	1 639	1 638	1 819	2 758	4 046	4 147	4 889
	农牧工人均纯收入	元	1 063	1 089	1 123	1 304	1 789	2 407	3 475	2 964
	农业固定资产投资	万元	23 696	39 248	55 727	37 211	32 554	59 381	101 575	159 089
	人均农业生产总值	元	975	977	941	1 010	1 701	2 448	2 485	2 825
生态可持续性(B2)	耕地面积	千公顷	938	951	989	960	959	948	970	986
	化肥使用量	吨	372 466	408 858	440 753	410 129	443 734	514 906	598 267	622 594
	农药使用量	公斤	3 557 000	4 378 000	4 230 000	3 735 738	4 069 837	4 836 218	6 044 864	7 182 712
	农用地膜使用量	吨	10 574	13 056	15 041	14 460	17 993	19 250	22 479	25 956
	林木覆盖率	%	2.50	2.50	2.90	3.00	3.00	3.20	3.20	5.20
	水资源	亿立方米	126.50	126.50	122.00	122.00	118.00	118.00	118.00	140.60
社会可持续性(B3)	人口自然增长率	‰	7.13	6.28	5.67	5.68	5.70	5.53	5.13	4.72
	农业人口比重	%	52.80	52.80	53.50	52.00	52.90	53.80	54.50	53.80
	大中小学在校生人数	万人	48.01	46.93	43.64	44.82	40.65	41.66	43.32	46.14
	每万人医护人员数	人	134.00	136.00	139.00	137.00	135.00	131.00	127.00	125.00

资料来源：根据《新疆生产建设兵团统计年鉴》(1990—2009年)有关数据

能力评价原始数据

1998	1999	2000	2001	2002	2003	2004	2005	2006	2007	2008
1 240 444	1 050 362	1 253 291	1 077 354	1 358 199	1 756 414	1 806 076	2 104 683	2 431 520	2 748 722	2 981 537
5 153	4 339	5 160	4 391	5 430	6 909	7 044	8 190	9 427	10 635	1 159
3 019	2 852	3 514	3 860	4 115	3 478	3 696	4 105	4 827	6 193	6 771
203 079	169 556	178 403	242 417	254 546	316 902	318 885	291 324	352 619	370 202	341 029
3 015	2 480	2 950	2 561	3 053	4 292	4 490	5 084	5 512	6 290	6 456
1022	1040.6	1064.57	1072.76	1057.08	1035.22	1037.17	1040.65	1043.07	1044.43	1045.12
649 075	620 012	647 402	658 288	666 238	732 029	798 164	851 693	934 142	1 032 628	1 086 914
6 395 947	6 625 163	7 503 122	6 660 296	6 235 887	6 568 050	7 018 455	8 416 047	8 509 828	8 886 173	9 244 763
31 709	34 384	37 046	40 664	39 185	41 200	43 803	46 919	48 762	52 639	54 225
5.20	5.20	5.20	5.20	5.70	5.70	4.20	4.42	4.42	4.42	4.42
140.60	140.60	140.60	107.69	116.08	123.63	120.60	123.89	125.55	123.84	124.82
4.30	4.50	4.20	4.10	3.38	2.90	2.35	1.73	1.10	1.23	1.33
54.00	56.20	56.80	54.00	54.20	54.20	55.10	51.90	50.90	50.90	50.10
48.40	50.35	50.89	54.51	57.62	58.80	60.21	59.64	60.41	59.73	59.13
120.00	117.00	114.00	108.00	94.00	94.00	93.00	94.00	95.00	95.00	92.00

整理。

参 考 文 献

戴旭萍．对兵团农业可持续发展的思考［J］．兵团党校学报，2005（2）：48－49.

齐晓辉，李万明．新疆生产建设兵团可持续农业技术变迁的对策研究［J］．中国科技论坛，2009（7）：124－125.

齐晓辉．实施可持续农业技术促进新疆兵团农业持续发展［J］．农业经济，2009（4）：77－78.

新疆生产建设兵团统计局．新疆生产建设兵团统计年鉴［M］．北京：中国统计出版社，1990—2009.

约瑟夫·熊彼特．经济发展理论［M］．北京：商务印书馆，1990.

林毅夫．制度、技术与中国农业发展［M］．上海：上海人民出版社，2005.

范·杜因．经济长波与创新［M］．上海：上海译文出版社，1993.

姚峰．技术创新与农村经济体制改革的若干思考［D］．华中师范大学硕士学位论文，2005.5.

西奥多·W·舒尔茨著．改造传统农业［M］．梁小民，译．北京：商务印书馆，1999.

胡虹文．农业技术创新的理论研究与实证分析［D］．武汉理工大学博士学位论文，2003.4.

刘春香．中国农业技术创新现状与对策研究［J］．农业经济，2006（5）：33－34.

齐振宏．我国农业技术创新过程的障碍与支撑平台的构建［J］．农业现代化研究，2006（1）：53－55.

丁巨涛．当前我国农业技术创新的主要障碍因素及对策［J］．中国科技论坛，2004（2）：49－53.

裘斌．当前我国农业技术创新面临的挑战与对策［J］．湖南工程学院学报（社会科学版），2005（3）：25－27.

周中林．中国农业技术创新的难点、成因与对策思考［J］．湖南农业大学学报（社会科学版），2005（1）：17－22.

高启杰．中国农业技术创新实践中存在的主要问题［J］．调研世界，2004（8）：21－24.

熊银解等．农业技术创新·扩散·管理［M］．北京：中国农业出版社，2004.

崔和瑞等．我国农业技术创新存在的问题及其对策研究［J］．农业科技管理，2006（3）：9－11.

刘仁平．农业技术创新问题与对策研究［J］．农业经济，2006（6）：3－6.

潘文华等．我国农业技术创新问题及对策［J］．东北农业大学学报（社科版），2008（2）：5－6.

解宗方，李继军．论农业技术创新主体的确立［J］．科技进步与对策，2001（7）：38－40.

解宗方．政府在培育农业技术创新主体中的功能分析［J］．科学管理研究，2001（10）：27－30.

许世卫．农业技术创新主体分析［J］．农业科研经济管理，2000（1）：27－29.

柳毅．使农户成为农业技术创新主体的有效途径［J］．沈阳农业大学学报（社会科学版），2000（2）：154－156.

周建峰．论我国农业技术创新主体的错位及其矫正设想［J］．科学管理研究，2005（4）：86－90.

宋燕平等．农民素质与农业技术创新关系分析［J］．科技管理研究，2005（4）：52－54.

朱方长．农业技术创新农户采纳行为的理论思考［J］．生产力研究，2004（2）：42－44.

周端明．农户规模与农业技术创新［J］．山西财经大学学报，2005（1）：56－60.

国鲁来．农业技术创新中的农民专业协会分析［J］．古今农业，2003（2）：10－20.

赵继新，宋金杰．建立农业创新体系推动农业可持续发展［J］．河北农业大学学报，2000（3）：69－72.

编辑部．如何构建我国的农业科技创新体系［J］．中国科技论坛，2007（12）：3－5.

贳向前，徐小钦．国家技术创新体系建设模式选择研究［J］．科技管理研究，2007（1）：26－29.

李哲敏．浅析国家农业科技创新体系的构建［J］．山东农业科学，2008（6）：118－121.

朱广其．论中国农业技术创新模式的选择［J］．经济问题，1997（4）：38－41.

朱广其．我国农业技术创新的主体、模式及对策［J］．农业现代化研究，1997（3）：132－134.

高启杰．中国农业技术创新模式及其相关制度研究［J］．中国农村观察，2004（2）：53－59.

钟荣丙．技术创新是提高我国农业应对能力的有效途径［J］．北京农业职业学院学报，2003（3）：21－24.

杨增旭等．论我国农业技术创新途径的选择［J］．经济与科技，2006（11）：31－33.

庞柏林．中国农业技术创新驱动模式研究［J］．学习与探讨，2008（1）：171－173.

宋燕平，栾敬东．我国农业技术创新的三种模式的分析［J］．中国科技论坛，2004（5）：43－46.

白献晓等．农业技术创新主体的界定与特点分析［J］．中国科技论坛，2003（6）：54－56.

白献晓，薛喜梅．农业技术创新主体的类型、特征与作用［J］．中国农业科技导报，2002 (4)：76-78.

贾淑萍．我国农业技术扩散的实证分析［J］．统计与咨询，2000 (3)：41.

常向阳，姚华锋．我国农业技术扩散的障碍因素分析［J］．江西农业大学学报（社会科学版），2005 (9)：21-23.

常向阳，赵明．我国农业技术扩散体系现状与创新-基于产业链角度的重构［J］．生产力研究，2004 (2)：44-46.

秦文利等．农民素质对农业技术扩散的影响［J］．河北农业科学，2004 (3)：54-57.

张巨勇，李桂荣．农民参与式技术发展与可持续农业技术的扩散［J］．农业经济，2004 (9)：33-35.

陈会英，周衍平．中国农业技术创新问题研究［J］．农业经济问题，2002 (8)：25-26.

王静．农业技术创新的思路、重点及体制安排［J］．产业经济研究，2003 (4)：56-58.

王贝等．依靠技术创新实现西部农业可持续发展［J］．经济与科技，2006 (9)：41-43.

肖焰恒．可持续农业技术创新理论的构建［J］．中国人口·资源与环境，2003 (1)：107-108.

陈晓佩．可持续农业技术在西部地区农业可持续发展中的作用［J］．科技信息，2007 (1)：5.

张壬午，计文瑛，张彤，孙鸿良．中国农业可持续发展技术［J］．农村生态环境学报，1994 (3)：59-63.

高旺盛．建立中国特色的可持续农业技术体系［J］．农业现代化研究，1997 (3)：149-150.

程旺大，赵国平 张国平．现代可持续农业技术的发展原则与体系配置［J］．农业与技术，1999 (3)：1-4.

董恒年．可持续农业的技术选择标准与我国可持续农业技术体系选择探讨［J］．南开学报，1998 (2)：52-57.

朱再清等．我国可持续农业发展的特点及技术体系的探讨［J］．华中农业大学学报，2000（1）：29－30.

熊玉娟．农业可持续发展技术体系研究［D］．湖南：湖南农业大学，1999.6.

宁森，邹秀萍，叶文虎．中国农业可持续发展的科技支撑体系及其关键技术［J］．中国科技论坛，2008（10）：102－106.

肖焰恒．可持续农业技术创新理论与应用分析［D］．成都：西南农业大学，1997.

韩东娥．可持续农业技术的创新与政策［J］．晋阳学刊，2000（2）：19－21.

李中东．农业可持续发展的技术创新研究［J］．农业技术经济 2001（4）：16－19.

温晓南、马成林．半干旱地区农业可持续发展技术创新体系的构建［J］．湖北农业科学，2008（6）：730－734.

严奉宪．中西部地区农业可持续发展的经济学分析［M］．北京：中国农业出版社，2005.

王雅鹏等．农业技术经济学［M］．北京：高等教育出版社，2003.

仇怡．技术创新、技术扩散与国际贸易［M］．长沙：湖南人民出版社，2008.

肖洪安等．农业技术创新的理论与实证研究［M］．北京：中国农业出版社，2008.

卢东宁．农业技术创新链循环研究［M］．北京：中国社会科学出版社，2008.

杨瑞文等．农业可持续发展概论［M］．北京：中国农业出版社，2006.

黄祖辉．基于知识的国家农业技术创新体系——宏观理论与微观实践［M］．杭州：浙江大学出版社，2008.

胡兆璋．回顾兵团农业的五次科技飞跃［J］．新疆农垦科技，2009（156）：3－6.

中广网．华士飞：发挥集约化优势 建设三大农业基地［EB/OL］．(2008-03-13)．［2009-03-19］．http：//www.cnr.cn/xjfw/btfw.

新疆生产建设兵团史志编撰委员会．新疆生产建设兵团科技志［M］．乌鲁木齐：新疆人民出版社，2007.

洪绂曾．中国科教兴农战略研究［M］．北京：中国农业出版社，2001.

靳光华，孙文生．农业可持续发展的技术系统研究［J］．农业技术经济，1997（6）：32-35.

李中东．中国农业可持续发展技术框架研究［D］．杨凌：西北农林科技大学，2002.

张壬午等．中国农业可持续发展技术［J］．农村生态环境，1994（10）：59-63.

杨锦莲．中国可持续农业发展技术支撑体系的构建［J］．华中农业大学学报，2001（4）：1-3.

李冰等．试论我国可持续农业发展的技术支撑［J］．现代化农业，2004（9）：36-39.

王成等．试论21世纪可持续农业的技术问题［J］．新疆农垦经济，2002（5）：16-17.

陈金柏．关于农业可持续发展适用技术的思考［J］．中国农技推广，1999（3）：7-8.

陈世军．促进农业经济可持续发展的农业技术［J］．科技进步与对策，1998（6）：89-90.

朱新民等．可持续农业与可持续性农业科学技术［J］．农业科技管理，1997（1）：25-28.

李维生．可持续农业技术发展原则与中国的抉择［J］．农业经济问题，1998（3）：27-28.

游承俐，孙学权．对我国可持续农业技术对策的探讨［J］．中国农业大学学报（社会科学版），2001（1）：9-12.

高旺盛．可持续农业技术发展原则与中国的抉择［J］．农业经济问题，1998（3）：27－30.

齐晓辉，李强．我国可持续农业技术创新问题研究——以新疆建设兵团为例［J］．科技进步与对策，2009（12）：69－73.

李中东，王竹芹．面向可持续发展方向的农业技术变迁研究［J］．科技进步与对策，2005（3）：60－62.

刘志文，肖静．西部地区可持续农业技术变迁的对策研究［J］．重庆社会科学，2005（2）：33－34.

戴小枫．中国农业技术预测与关键技术选择（2006—2020）［M］．北京：中国农业技术出版社，2007.

黄钢等．农业科技价值链系统创新论［M］．北京：中国农业科学技术出版社，2007.

科学技术部专题研究组．国外支持农业科技创新的典型做法与经验［M］．北京：科学技术文献出版社，2006.

解宗方，李继军．论农业技术创新主体的确立［J］．科技进步与对策，2001（7）：38－39.

丁巨涛．技术创新促进西部经济发展研究［M］．北京：中国统计出版社，2002.

何忠伟．现代农业技术的经济分析［M］．北京：中国农业出版社，2005.

吴寿仁．企业技术创新手册［M］．上海：上海科学普及出版社，2008.

李建军．农业科技创新的障碍因素与发展对策［J］．安徽农学通报，2005，11（7）：24－25.

孔祥智等．西部地区农业技术应用的效果、安全性及影响因素研究［M］．北京：中国农业出版社，2005.

李维生．我国多元化农业技术推广体系的构建［J］．中国科技论坛，2006（11）：112.

胡虹文．农业技术创新与农业技术扩散研究［J］．科技进步与对策，

2003 (5)：73 - 74.

李维生．我国多元化农业技术推广体系的构建 [J]．中国科技论坛，2007 (3)：112.

喻永红，张巨勇．促进可持续农业技术扩散的措施探讨 [J]．农业经济，2006 (1)：16 - 18.

郑有贵．1978 年以来农业技术政策的演变及对农业生产发展的影响 [J]．中国农史，2009 (1)：93 - 96.

李杰生．基于诱导性技术变迁理论的农业技术选项 [J]．科技信息，2007 (36)：213 - 214.

张义．经济组织变迁对农业技术进步的影响 [D]．北京：中国农业大学，2004.

杨东升，张帆．农业产业化进程中的中国农业技术变迁 [J]．农业经济问题，1997 (4)：19 - 24.

胡竹枝，李大胜．农业技术体系变迁的影响分析 [J]．新疆农垦经济，2006 (6)：36 - 39.

郑有贵．农业技术政策对农业技术创新和技术变迁影响的实证分析及对策探讨 [J]．科技导报，1998 (2)：49 - 53.

林坚，杨柳勇 我国农业的二元技术结构与技术变迁 [J]．农业经济问题，1998 (7)：15 - 19.

邵俊岗．我国农业的制度变迁与技术变化 [J]．经济经纬，2003 (1)：46 - 48.

雍兰利，范玉凤，赵琳．我国农业技术变迁的内在冲突问题 [J]．高校社科信息，2000 (3)：27 - 32.

赵其真，我国农业技术变迁的三对矛盾 [J]．经济论坛，2004 (6)：113 - 114.

李大胜，王广深．我国农业技术体系变迁及其对生态环境的影响 [J]．农业科技管理，2005 (2)：16 - 18.

《依靠科技进步促进农业结构调整研究》课题组．优化农业技术结构促进农业结构调整 [J]．农业科技管理，2002 (2)：1 - 5.

王思明．诱致性技术与制度变迁—论明清以来的中国农业［J］．古今农业，2002（1）：35－43.

杨东升，曾伟忠．中国农业农业产业化进程中的农业技术变迁［J］．科技管理研究，1997（5）：4－6.

喻永红．可持续农业技术采用的经济学分析——以湖北省水稻 IPM 技术为例［D］．沈阳：沈阳农业大学，2006.

喻永红，张巨勇，喻甫斌．可持续农业技术（ SAT）采用不足的理论分析［J］．经济问题探索，2006（2）：67－71.

张巨勇，张欣．可持续农业技术采用的经济学分析［J］．经济问题探索，2004（10）：91－94.

赵丽丽，管占龙 王晓明．利用农民合作经济组织形式促进可持续农业技术采用［J］．哈尔滨商业大学学报（社会科学版），2007（6）：66－68.

赵丽丽．农户采用可持续农业技术的影响因素分析及政策建议［J］．经济问题探索，2006（3）：87－90.

王绪龙，张巨勇，张红．农户对可持续农业技术采用意愿分析［J］．技术经济，2008（6）：118－120.

张巨勇，李桂荣．农民参与式可持续农业技术的扩散［J］．农业经济，2004（9）：33－35.

徐东瑞，朱军．“3S”支持下的可持续农业技术支持体系的研究［J］．河北农业科学，2002（3）：43－46.

张巨勇，喻永红．可持续农业技术采用与农村生态环境建设［C］．2006 年中国农学会学术年会，472－475.

郭熙宝等．发展经济学［M］．北京：中国金融出版社，2007.

将和平等．当代农业新技术革命与中国农业科技发展［M］．南昌：江西人民出版社，2002.

谢富纪等．技术转移与技术交易［M］．北京：清华大学出版社，2006.

安维夏．技术创新的社会构建［M］．上海：文汇出版社，2003.

牛润霞．技术变迁中的失业问题研究［M］．北京：人民出版社，2007.

周小萍．中国农业资源可持续利用模式［M］．北京：中国经济出版社，2007.

黄季焜等．中国农业科技投资经济［M］．北京：中国农业出版社，2000.

季风．技术创新成功案例［M］．北京：西苑出版社，2000.

邓良基．加强农业综合生产能力的技术经济问题研究［M］．北京：中国农业科学技术出版社，2006.

中国农业科学院农业经济研究所．农业经济与科技发展研究［M］．北京：中国农业出版社，2004.

方炎．农业可持续发展的政策、技术与管理［M］．北京：中国农业出版社，2003.

农业部发展计划司．农业结构战略性调整：理论、政策与实践［M］．北京：中国农业出版社，2003.

万卫平等．改革的时代 奋进的兵团［M］．新疆生产建设兵团，2009.

傅援朝．兵团发展和改革优秀调研报告（2002—2007）［M］．新疆生产建设兵团，2008.

吴敬学．略论农业技术进步模式的选择［J］．农业经济问题，1996（8）：40-431.

吴国庆．选择适合中国特色的现代农业技术进步模式及方向［J］．科技进步与对策，2000（3）：18-21.

唐华俊．西部开发：农业如何开发［J］．调研世界，2000（9）：6-81.

马述忠．黄祖辉．论我国农业科技进步的模式选择［J］．科技导报，2001（2）：43-46.

吴国庆．选择适合中国特色的现代农业技术进步模式及方向［J］．科技进步与对策，2000（3）：18-20.

吴敬学．略论农业技术进步模式的选择［J］．农业经济问题，1996

(8)：40－43.

赵海东，杨丹丹．论我国农业技术进步模式的创新［J］．中共南昌市委党校学报，2005（1）：61－64.

朱晓玲，文刚．西部地区农业技术进步路线模式的选择与创新［J］．农村经济，2004（9）：43－45.

王文昌，赵保红．西部地区农业技术进步的模式创新研究［J］．中国生态农业学报，2002（6）：133－135.

王文昌，梁剑峰，赵保红．我国西部地区农业技术进步模式的选择与创新［J］，农业现代化研究，2001（5）：129－133.

邓家琼．农业技术绩效评价标准的变迁及启示［J］．科学学与科学技术管理科，2008（10）：21－24.

樊根耀．节水革命——关于农业科技创新的案例研究［M］．北京：经济科学出版社，2005.

严以绥，汤莉．中国农业节水革命［M］．北京：中国农业出版社，2005.

邵建成．中国农业技术创新体系建设研究［D］．西北农林科技大学博士学位论文，2002.5.

Kenneth J. Arrow. The Economic Implications of Learning by Doing. see Review of Economic Studies，1962，6：155－173.

Guido Reger and Dr. Ulrich Schmoch. Organization of Science and Technology at the Watershed. Physica－Verlag，Germany，1996.

RoyRothwell. Industrial Innovation：Success，Steategy，Trends，see Mark Dodgson and Roy Rothwell：T he handbook of industrial innovation，Edward Elgar，1994.

Mark Dodgson and John Bessan. Effective Innovation Policy. International Thomson Business Press，1996.

Richard R. Understangding Technical Change as an Evolutionary Process. Elsevier Science Publishers，B. V. 1987.

Thomas A. Lyson. Advanced agricultural biotechnologies and sustainable agriculture. TRENDS in Biotechnology , 2002 (5): 193 - 195.

M. V. K. Sivakumar, R. Gommes, W. Baier . Agrometeorology and sustainable agriculture. Agricultural and Forest Meteorology, 2000 (103): 11 - 26.

Jeremy Hall, Sarah Crowther. Biotechnology: the ultimate cleaner production technology for agriculture? Journal of Cleaner Production , 1998 (6): 313 - 322.

Zhihong Li, Zuorui Shen, Minghua Yang, Jianqiu Zheng, Ji Li. Computer - aided technology for regional pest management: Towards agricultural sustainability. Ecological Engineering , 1998 (11): 37 -43.

Andreas Meyer - Aurich. Economic and environmental analysis of sustainable farming practices - a Bavarian case study. Agricultural Systems, 2005 (86): 190 - 206.

Kristian Borch. Emerging technologies in favour of sustainable agriculture. Futures , 2007 (39): 1045 - 1066.

H. M. De Souza Filho, T. Young, and M. P. Burton. Factors Influencing the Adoption of Sustainable Agricultural Technologies Evidence from the State of Esprito Santo, Brazil. Technological Forecasting and Social Change , 1999 (60): 97 - 112.

Sidney Cox. Information technology: the global key to precision agriculture and sustainability. Computers and Electronics in Agriculture, 2002 (36): 93 - 111.

Gideon Oron etc. Membrane technology for advanced wastewater reclamation for sustainable agriculture production. Des alination 2008 (218): 170 - 180.

Mesfin Bezuneh , Glenn C. W. Ames, Carl C. Mabbs - Zeno. Sustainable agricultural development using a farming systems approach in Zambia. Ecological Economics, 1995 (15): 149 - 156.

Mr Ram Saran. Sustainable agricultural development – issues at the regional level. Food Policy，1995（1）：69 – 76.

Babatunde Durosomo. Technology Adoption and Sub – Sahara African Agriculture：The Sustainable Development Option，1993.

Steven A. Moore. Technology and Place：Sustainable Agriculture and the Blueprint Farm. Agriculture and Human Values，2002（19）：369 – 371.

R. T. V. Fox. The present and future use of technology to detect plant pathogens to guide disease control in sustainable farming systems. Agriculture，Ecosystems and Environment ，1997（64）：125 – 132.

Joseph E. Aldy，James Hrubovcak，Utpal Vasavada. The role of technology in sustaining agriculture and the environment. Ecological Economics，1998（26）：81 – 96.

Philipp Aerni. What is sustainable agriculture? Empirical evidence of diverging views in Switzerland and New Zealand. Ecological Economics，2009（68）：1872 – 1882.

后　记

本书是在我的博士论文的基础上修改而成的。

在论文完稿之际，对于我来说感激之情难以言表，因为只有我知道，这个时刻的到来对我来说实属不易！首先要衷心感谢的是我的导师李万明教授。导师渊博的学识，深邃的见解、严谨的治学态度、孜孜不倦的科研作风和高超的讲课艺术，令我深表敬佩，并永远激励和鞭策着我，使我终生受益。论文之所以能得以完成，无论从选题、构思及初稿和最后修改定稿，都凝聚了导师大量的心血和智慧。

论文是在参阅和借鉴大量国内外研究文献的基础上完成的，许多专家、学者的研究方法以及超前的理论观点，特别是我的硕士研究生同学肖焰恒博士的研究成果，使我深受启迪。应该说论文的完成是以他们的研究为基础的，不借鉴他们已有的研究成果，就不可能形成新的结论和观点，所以我要对他们表示由衷的感谢！

在论文的写作过程中，得到了石河子大学经济与管理学院刘俊浩教授、龚新蜀教授、李豫新教授、祝宏辉教授、杨兴全教授，特别是张红丽教授的悉心指教，刘洪副教授、陈砺讲师、刘新建讲师（外语学院）和陆道芬同学也给予了热心帮助；经济系领导和同事们在工作中也给予我许多支持和帮助。兵团科技局、农业局领导和石河子科技局、农业局领导、新疆天业（集团）有限公司的领导为论文资料收集整理提供了条件。石河子大学经济与管理学院的崔登峰博士和图书馆的杨刚老师也为我查阅资料提供了帮助。在此一并表示诚挚的谢意！感谢研究生处张万江、王志君和邵永斌老师，经济与管理学院研究生办程广斌、林萍老师，以及同学孔令英、白萍、王力、王生年和李平对我的支持和鼓励。

还要特别感谢的是我的家人。公公和婆婆，他们不顾年迈的身体，远离家乡伊犁，不辞辛劳来帮我，为我分担了近十年的家务和照顾一双儿女的重任。还有我那年迈的父亲，经常来我家帮忙，使我能在完成教学任务的情况下，顺利完成博士课程的学习和论文的写作，在此感激不尽！我的爱人李强，虽然工作繁忙，但在生活和学习上始终关心、鼓励、支持和帮助我，在他有空之余，帮我查阅了大量相关文献资料。另外他长期在团场工作，熟悉兵团农业生产及农业技术创新的基本情况，在论文写作过程中给予了许多帮助，特别是对论文中许多观点的形成提出了宝贵的意见！也正是他们给予我无尽的关爱和支持，使我倍增了自信和勇气，激励我坚持完成博士学业。

论文的完稿，使我备感欣慰，同时也释放了我数百个日日夜夜的焦虑和担忧。但是我深知关于兵团可持续农业技术创新问题的研究是个复杂的课题，本研究仅仅只是站在前人研究的成果上做了初步尝试，还有许多问题需要做更加深入细致的研究，真心期盼在以后的研究中能得到各位专家的悉心指教和帮助！

齐晓辉

2010年12月于石河子大学